Embedded Quality

Qualitätssicherung eingebetteter Software:
Methoden und Best-Practices

FUSIM

Prof. Dr.-Ing. K. Bender, Dipl.-Ing. P. Jack, Dipl.-Ing. A. Koç,
Dipl.-Ing. I. Péter, Dipl.-Ing. G. Megyeri

Informationstechnik im Maschinenwesen, TU München

Die Deutsche Bibliothek - CIP-Einheitsaufnahme

Ein Titeldatensatz für diese Publikation ist bei
Der Deutschen Bibliothek erhältlich

Dieses Werk ist urheberrechtlich geschützt. Die dadurch begründeten Rechte, insbesondere die der Übersetzung, des Nachdrucks, der Entnahme von Abbildungen, der Wiedergabe auf photomechanischem oder ähnlichem Wege und der Speicherung in Datenverarbeitungsanlagen bleiben, auch bei nur auszugsweiser Verwendung, vorbehalten.

Copyright © Herbert Utz Verlag GmbH 2001

ISBN 3-8316-0024-4

Printed in Germany

Herbert Utz Verlag GmbH, München
Tel.: 089/277791-00 - Fax: 089/277791-01

Vorwort

Der enorme und stetig wachsende Preis-Leistungsvorteil von mikroelektronisch statt konventionell elektromechanisch gesteuerter Produkte führt zur einer permanenten Verlagerung der Produktfunktionalität in Richtung Software, die sich bereits heute im Maschinen- und Anlagenbau, der Automatisierungs- und Produktionstechnik und der Verkehrstechnik zu einer Schlüsseltechnologie entwickelt hat. Bei solchen Produkten macht die eingebettete Software einen wesentlichen Wertschöpfungsanteil aus und bestimmt zunehmend den Kundennutzen.

Nicht nur die Funktionalität, auch die Kosten solcher Produkte haben sich von der Mechanik und Elektrik stark in Richtung Mikroelektronik und Software verlagert. Beispielsweise liegt der Anteil der Elektronik in der Automobilindustrie zwischen 25–30%. Eine noch stärkere Verlagerung ist im Bereich der Kleinserie und Unikate zu erkennen, wo die Software-Entwicklungskosten dominieren. Von den Entwicklungsaufwendungen für neue Produkte im Bereich des Maschinenbaus fallen bis zu 50% auf die darin enthaltene Software. In einigen technischen Produkten des Maschinen- und Anlagenbaus erreicht sie sogar Anteile von 75–80% der Herstellungskosten. Software ist nicht nur zu einem Innovationstreiber, sondern auch zu einem entscheidenden Wirtschaftsfaktor geworden.

Dieser technologische Druck zwingt viele Unternehmen, ihre Produktentwicklung radikal zu ändern, denn die zunehmende Funktionalität intelligenter Produkte, in denen Software eingebettet ist, führt zu steigender Komplexität und hoher Flexibilität, nicht nur der Produkte selbst, sondern auch der Entwicklungsprozesse. Durch die erweiterten Freiheitsgrade solcher eingebetteter Systeme ist es möglich, erheblich schneller und kostengünstiger auf sich unerwartet ändernde Anforderungen des Marktes reagieren zu können. Die Entwicklungsprozesse werden somit zunehmend zu einem wettbewerbsbestimmenden Faktor. Vor dem Hintergrund, dass bereits heute Software eine Kernkomponente von innovativen Produkten darstellt, hat deren Qualität einen entscheidenden Einfluss auf die Qualität des Gesamtprodukts. Für deutsche KMU wird damit die Beherrschung qualitätssichernder Entwicklungsprozesse eingebetteter Software lebenserhaltend zur Sicherung eines beständigen wirtschaftlichen Erfolgs.

Das *vorliegende Dokument* entstand im Rahmen des DFAM-Projekts *FUSIM*[1]. Es gibt einen Überblick über die Qualitätssicherung (QS) von eingebetteter Software. Dabei werden neben einem qualitätsorientierten System-Vorgehensmodell und dem Ablauf des Testprozesses, der Testfall-Entwurf, Testwerkzeuge, Emulatoren sowie Qualitätssicherungsmaßnahmen beschrieben. Im Anhang finden sich QS-Dokumente der Industriepartner, Vorlagen und Checklisten zur Qualitätssicherung. Grundlage für die vorliegende Systematisierung der Qualitätssicherung von eingebetteter Software stellten die Bestandsaufnahme bei den Unternehmen und Literaturquellen dar.

Prof. Bender

---

[1] gefördert vom AIF (AIF-Nr. 11801, DFAM-Nr. 061170)

Inhaltsverzeichnis

1	**Einleitung**		**1**
1.1	Problemstellung		1
1.2	Zielsetzung		2
1.3	Aufbau des Handbuchs		3
2	**QS-orientiertes System-Vorgehensmodell**		**5**
2.1	Vollständiges System-Vorgehensmodell		5
2.2	Teilmodelle		8
2.3	Iterative, inkrementelle Entwicklung von eingebetteter Software		9
3	**Der Testprozess**		**12**
3.1	Phasenplan		12
3.2	Testdokumente		17
4	**Testwerkzeuge und Emulatoren**		**19**
4.1	Testwerkzeuge		19
	4.1.1	*Klassifizierungsschema*	*19*
	4.1.2	*Übersicht Testwerkzeuge*	*20*
	4.1.3	*Auswahlverfahren und Bewertung von Werkzeugen*	*22*
4.2	In-Circuit-Emulatoren		26
5	**Testfall-Entwurf**		**29**
5.1	Problemstellung		29
5.2	Klassischer Testfall-Entwurf		29
5.3	Effizienter Testfall-Entwurf		30
	5.3.1	*Testdaten-Ermittlung mit der Klassifikationsbaummethode*	*31*
	5.3.2	*Spezifikation des Testablaufs mit erweiterten Message Sequence Charts*	*32*
5.4	Ausblick		33
6	**QS-Maßnahmen im Vorgehensmodell**		**35**
6.1	Einführung in QS-Maßnahmen		35
6.2	Einordnung von QS-Maßnahmen in den Entwicklungsprozess		36
6.3	Best Practises		39
7	**Bestandsaufnahme bei den Projektpartnern**		**41**
7.1	Einleitung		41
7.2	Softwareprojekte		41
7.3	Entwicklungsvorgehen		42

7.4 Testprozess 44
7.5 Bewertung von Testwerkzeugen aus industrieller Sicht 46
    7.5.1 Unternehmen 1   *46*
    7.5.2 Unternehmen 2   *48*
    7.5.3 Unternehmen 3   *50*
7.6 Anforderungen an eine entwicklungsbegleitende Testumgebung 52
    7.6.1 Unternehmen 1   *52*
    7.6.2 Unternehmen 2   *53*
    7.6.3 Unternehmen 3   *54*
    7.6.4 Unternehmen 4   *56*
7.7 Best-Practices 57
7.8 Problemfelder 60
7.9 Wünsche bezüglich des Handbuchs 61

Anhang A Werkzeugübersicht   63

A.1 Testwerkzeuge 63
    A.1.1 ATTOL Coverage   *63*
    A.1.2 ATTOL SystemTest   *63*
    A.1.3 ATTOL UniTest   *63*
    A.1.4 C++Test   *64*
    A.1.5 Caliber-RBT   *64*
    A.1.6 Cantata   *64*
    A.1.7 C-Cover   *65*
    A.1.8 CodeTest   *65*
    A.1.9 CodeWizard   *65*
    A.1.10 CTB   *65*
    A.1.11 IDAS TESTAT for C   *66*
    A.1.12 LDRA Testbed   *66*
    A.1.13 LOGISCOPE   *66*
    A.1.14 McCabe QA   *67*
    A.1.15 McCabe Test   *67*
    A.1.16 MessageMaster   *68*
    A.1.17 PC-lint   *68*
    A.1.18 QA C   *68*
    A.1.19 QADirector   *69*
    A.1.20 Rational PureCoverage   *69*
    A.1.21 TestDirector   *69*
    A.1.22 TestExpert   *70*
    A.1.23 TestQuest   *70*

Inhaltsverzeichnis

A.1.24	TestRunner	70
A.1.25	TestWorks/TCAT C/C++	71
A.1.26	Validator/Req	71
A.2	Emulatoren	72
A.2.1	Applied Microsystems	72
A.2.2	Archimedes Software	72
A.2.3	Ashling Mikrosysteme	72
A.2.4	Ceibo Germany	73
A.2.5	Hitex	73
A.2.6	Kleinhenz	73
A.2.7	Lauterbach	74
A.2.8	MetaLink	74
A.2.9	Microtek	75
A.2.10	Nohau Elektronik	75
A.2.11	Phyton	75
A.2.12	Signum	76
A.2.13	WindRiver	76

Anhang B Qualitätssicherungsmaßnahmen **77**

B.1	Konstruktive Qualitätssicherung...	77
B.2	Analytische Qualitätssicherung	77
B.2.1	Statische Analyse	77
B.2.2	Programmverifikation	78
B.2.3	Review / Audit	79
B.2.4	Inspektion	80
B.2.5	Walkthrough	80
B.2.6	Dynamischer Test	81
B.2.7	Symbolischer Test	83
B.2.8	Schreibtischtest	84

Anhang C Dokumente der Projektpartner **85**

C.1	Lenze - Formblatt Review SW-Spezifikation...	85
C.2	Lenze: Formblatt SW-Programminspektion Fehlerbeseitigung	86
C.3	Lenze: Formblatt SW-Programminspektion Systemtest-Testcases	87
C.4	Lenze: Formblatt SW-Programminspektion...	88
C.5	Lenze: Formblatt SW-Review Manuelle Systemtests	89
C.6	Lenze: Formblatt Systemtes...	90
C.7	Lenze: Formblatt Testplan	90
C.8	Lenze: SW-Implementierungsrichtlinien..	91

Inhaltsverzeichnis

C.9 Lenze: Typprüfung 92
C.10 Programmierrichtlinien 93
C.11 Programmierrichtlinien II 94
C.12 Prüfvorschriften und -protokoll für den Typtest 97
C.13 Review.Checklisten 98
C.14 SW-Entwicklungshandbuch (Entwurf) 99
C.15 Test der Compiler-Umsetzung 100
C.16 Testplan für den Systemtest 100
C.17 Testspezifikation 101
C.18 Vorlage Review-Protokoll 102
C.19 Vorlage Testplan 102
C.20 Vorlage Testspezifikation 102
C.21 Vorlage Versuchsauftrag-Versuchsdurchführung 103
C.22 Vorlage Versuchsplan 103
C.23 Vorlage Versuchsterminplan 104

Anhang D Weitergehende Dokumente   **105**
D.1 QS-Dokumente im V-Modell 105
    D.1.1 QS-Plan   *105*
    D.1.2 Prüfplan   *106*
    D.1.3 Prüfspezifikation   *108*
    D.1.4 Prüfprozedur   *113*
    D.1.5 Prüfprotokoll   *114*
D.2 IEEE Standard for Software Test Documentation (IEEE 829-1983) 116
    D.2.1 Test Documentation (Overview)   *116*
    D.2.2 Test Documentation   *116*
D.3 IEEE Guide for Software Quallty Assurance Planning 119
D.4 Regeln für die Implementierung 124
    D.4.1 Regeln für die Kodierung   *124*
    D.4.2 Regeln und Einschränkungen im Sprachumfang für die Sprache C   *124*
    D.4.3 Programmierleitfaden für die Assemblerprogrammierung   *125*
D.5 NISTIR 4906 „SQ-Assurance: Documentation and Reviews" 127
    D.5.1 The Review Process   *127*
    D.5.2 Checklists for Formal Reviews   *129*
D.6 IEEE Guide to Software Requirements Specifications (SRS) 138
D.7 Software Development Checklists (from Construx Software) 141
    D.7.1 Requirements Checklist   *141*
    D.7.2 Design   *142*

D.7.3	Construction	143
D.7.4	Quality-Assurance Checklist	156
D.7.5	Effective Inspections	156
D.7.6	Test Cases	157

Anhang E Literaturverzeichnis   **159**

Anhang F Glossar   **163**

Anhang G Abbildungen   **169**

Anhang H Tabellen   **171**

1 Einleitung

Besondere *Merkmale intelligenter Produkte der Automatisierungstechnik* ("Eingebettete Systeme") sind die Kombination verschiedener technischer Disziplinen (Mechanik, Pneumatik, Hydraulik, Elektrik, Elektronik und Informationstechnik), das Echtzeitverhalten, die enge Kopplung zum technischen Prozess sowie die Vielzahl unterschiedlicher Kommunikations- u. Prozessschnittstellen.

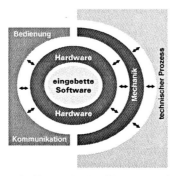

Abbildung 1 : Intelligentes Produkt (Eingebettetes System)

In diesen Produkten erfolgt eine permanente Verlagerung der Produktfunktionalität und Entwicklungskosten in Richtung Software. Diese sogenannte *eingebettete Software* macht einen wesentlichen Wertschöpfungsanteil aus und bestimmt den Kundennutzen. Als Kernkomponente eingebetteter Systeme hat sie einen entscheidenden Einfluss auf die Qualität des Gesamtprodukts [Halang94, Jansen95, Krämer94]. Für deutsche KMU wird damit die Beherrschung qualitätssichernder Entwicklungsprozesse für die eingebettete Software lebenserhaltend zur Sicherung eines beständigen wirtschaftlichen Erfolgs, denn die zunehmende Funktionalität intelligenter Produkte führt zu steigender Komplexität und hoher Flexibilität der Produkte sowie der Entwicklungsprozesse [Moitra99]. Schon heute entfallen zwei Drittel der Entwicklungskosten auf qualitätssichernde Maßnahmen [Myers99][Daich94].

1.1 Problemstellung

Obwohl die meisten Unternehmen ein definiertes bzw. standardisiertes *Vorgehensmodell* (Qualitätsmanagementsystem) für die Entwicklung technischer Systeme besitzen, geben die dort beschriebenen Entwicklungsprozesse vornehmlich die Mechanik- bzw. Maschinenbauersicht auf das Produkt wieder. Das Softwareentwicklungs-Vorgehen wird meist außer Acht gelassen bzw. nur sehr grob beschrieben. Die Folge ist, dass es keine systematische Planung und Durchführung von Qualitätsmaßnahmen über alle Entwicklungsphasen hinweg gibt.

Der Entwicklungsprozess eines *technischen Systems* durchläuft aus dem Blickwinkel der Steuerung typischerweise die Phasen Konstruktion, Steuerungsprojektierung (Elektrokonstruktion), Fertigung & Montage und Steuerungstest & Inbetriebnahme (Abbildung 2). Die zeitliche Abfolge der Phasen erfolgt streng sequentiell [Storr94].

1 Einleitung

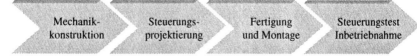

Abbildung 2: Entwicklungsvorgehen technischer Systeme

Wenn auch die Methoden der Softwareentwicklung heute schon weit fortgeschritten sind, so berücksichtigen sie im Allgemeinen nur selten die in technischen Systemen vorhandene Informationstechnik und noch weniger bzw. gar nicht die mechanischen Komponenten oder gar den technischen Prozess, welchen man mit dem System realisieren möchte.

Dem gegenüber lassen sich etablierte Vorgehensweisen reiner Software-Systeme jedoch nicht einfach auf die eingebettete Software übertragen. Das Vorhandensein von drei Komponenten (Software, Hardware und Gerätemechanik) erfordert ein *interdisziplinäres* Entwicklungsteam und das *explorative Entwickeln* der Software. Dabei wird die eingebettete Software als der flexibelste Part verstanden, der sich den Gegebenheiten im Gesamtprojekt uneingeschränkt anpassen muss. Weiterhin existieren Unterschiede beim Test und Inbetriebnahme technischer Systeme. Bei der eingebetteten Software liegen viele Fehler im Zeitverhalten und im Zusammenspiel zwischen Software, Hardware und Mechanik. Das Echtzeitverhalten, die Nebenläufigkeit und die enge Kopplung mit dem technischen Prozess erschweren die Messbarkeit und Beobachtbarkeit. Ohne das fertige Automatisierungssystem ist die eingebettete Software nur eingeschränkt testbar.

Zudem kommt, dass das Wissen und die Fertigkeiten für den konstruktiven Anteil der Softwareentwicklung eines Unternehmens wesentlich ausgeprägter und verbreiteter sind, als zum Beispiel für den Test und die Inbetriebnahme. Erschwerend kommt hinzu, dass zum einen speziell für eingebettete Systeme Lösungen fehlen, wo geeignete Methoden und Werkzeuge bewertet werden. Da die Spannweite der Projekt- und Produktanforderungen sehr groß ist, macht die Empfehlung eines allgemeinen Vorgehensmodells wenig Sinn. Jedoch fehlt den KMU oft die Mittel und Ressourcen, um selber die Anpassung an ihre besonderen Bedürfnisse vorzunehmen.

Dem gegenüber steigt mit der ständigen Funktionsverlagerung in Richtung Software auch deren Komplexität. Dadurch nimmt die Qualität der Software eine zentrale Stellung in der Produktentwicklung ein. Um die sich daraus ergebenden Herausforderungen zu bewältigen und die Risiken zu mindern, bedarf es eines Vorgehensmodells, dass den Entwicklungsprozess aus Softwaresicht beschreibt und hilft, qualitätssichernd vorzugehen.

1.2 Zielsetzung

Das Handbuch gibt einen Überblick über die Qualitätssicherung von Software. Dabei wird aus der Literatur und den „Best-Practices" der Unternehmen ein Vorgehensmodell vorgestellt, in dem zu jeder QS-Phase die möglichen Methoden und Werkzeuge zugeordnet werden. Insbesondere ist ein systematischer Testprozess in seinen Einzelteilen dokumentiert. Hier ist auch eine übersichtliche Bewertung der Methoden und Werkzeuge wiederzufinden.

1 Einleitung

Abbildung 3: Zielsetzung

Das *Vorgehensmodell*, welches die qualitätsdominante Stellung der Software berücksichtigt, hilft in einem interdisziplinären Team die eigenen Entwicklungsprozesse zu ordnen und zu strukturieren. Klassische Verfahren des Testfallentwurfs erfüllen die Anforderungen der Praxis hinsichtlich der Effizienz, der graphischen Darstellung und Handhabbarkeit bei umfangreichen Testproblemen nicht zufriedenstellend. Das hier vorgestellte Konzept für den *Testfall-Entwurf* basiert auf der Klassifikationsbaum-Methode zur Testdaten-Ermittlung und einer erweiterten Beschreibung von Messsage Sequence Charts (MSC) für die Testablauf-Beschreibung. *Testwerkzeuge und QS-Maßnahmen*, klassifiziert und bewertet stellen ebenfalls eine wichtige Hilfe, bei der Auswahl für das eigene Unternehmen. Die zahlreichen *Dokumente und Vorlagen zur Qualitätssicherung*, die sich bei den Projektpartnern bewährt haben, können aufwandsarm in die eigenen Handbücher übernommen werden.

1.3 Aufbau des Handbuchs

Im Kapitel 2 wird ein allgemeines System-Vorgehensmodell beschrieben, in der die Qualitätssicherungsaspekte von Software im Vordergrund stehen. Da die Verbesserung des Testmethodik und -systematik im Mittelpunkt des Projektes FUSIM steht, erfolgt eine Strukturierung und detaillierte Beschreibung eines Testprozesses in Kapitel 3. Aufbauend dazu wird im Kapitel 1 auf Testwerkzeuge und In-Circuit-Emulatoren eingegangen. Neben der Klassifikation und Angabe über Verfahren zur Auswahl und Bewertung ist hier auch eine Übersicht über gängige Testwerkzeuge und Emulatoren zu finden. Kapitel 1 beschreibt den Testfall-Entwurf mit Hilfe der Kombination aus der Klassifikationsbaummethode und erweiterten Message-Sequence-Charts. Die Frage, welche Qualitätssicherungs-Maßnahme in welcher Entwicklungsphase erfolgen kann, wird in Kapitel 6 behandelt. Hier werden QS-Maßnahmen kurz beschrieben – ausführliche Beschreibung und Bewertung (Anhang B) – und in das Vorgehensmodell eingeordnet. Abgeschlossen wird mit den Ergebnissen der Bestandsaufnahme bei den FUSIM-Projektpartnern (Kapitel 7).

In den Anhängen sind Beschreibungen und Vorlagen wiederzufinden: Anhang A enthält neben einer Kurzbeschreibung der Werkzeuge auch die Kontaktadresse, um weitergehendere Informationen zu erhalten. Die Qualitätssicherungsmaßnahmen sind im Anhang B nach den Gesichtspunkten Einordnung, Ziel, Prüfobjekt und benötigte Unterlagen, Vorgehensweisen, Bewertung und weitergehende Informationen beschrieben. Anhang C wiederum beinhaltet Dokumente und Vorlagen der Projektpartner, die verallgemeinert und weitgehend anonymisiert wurden. Weitergehende Dokumente, wie QS-Dokumente des V-Modells oder der IEEE, Implementierungsregeln und Checklisten befinden sich im Anhang D.

1 Einleitung

2 QS-orientiertes System-Vorgehensmodell

Da die Qualitätsansprüche an intelligente technische Produkte sehr hoch sind und die Qualität der eingebetteten Software eine zentrale Stellung innerhalb des Gesamtprodukts einnimmt [Bender00], bedarf es eines *softwareorientierten qualitätsbetonenden Vorgehensmodells* für die Entwicklung von technischen Systemen.

Das hier nachfolgend dargestellte „qualitätsorientierte" Vorgehensmodell berücksichtigt das Vorhandensein und die hohe Integration sowie Kopplung der drei Technologien Software, Hardware und Mechanik. Dabei wird die Qualitätssicherung der Software aus der Systemsicht heraus beschrieben. Mit dieser definierten Vorgehensweise ist die Grundlage für eine systematische Planung und Durchführung der Qualitätssicherung der Software technischer Produkte geschaffen worden. Zukünftig ist das Modell weiter zu detaillieren.

Das Phasenmodell zur Entwicklung eingebetteter Systeme stellt die Qualitätssicherungsaspekte in den Mittelpunkt. Die in der Literatur bzw. Praxis vorkommenden Modelle stellen eine Untermenge dieses umfassenden Modells dar. Weiterhin werden Varianten des vollständigen Modells vorgestellt, die bei entsprechenden Randbedingungen entstehen können. Abgeschlossen wird mit einer Definition und Kurzbeschreibung der einzelnen Phasen.

2.1 Vollständiges System-Vorgehensmodell

Charakteristisch für eingebettete Systeme ist, dass sie aus drei Technologien, nämlich der Software, Hardware und Gerätemechanik bestehen. Diese Aufteilung wird auch in dem Vorgehensmodell wiedergefunden: Man kann hier zwischen System-, Informationstechnik- (IT-) und Software-Ebene unterscheiden. In Abbildung 4 ist das vollständige System-Vorgehensmodell, welches eine Erweiterung des V-Modells darstellt, aufgeführt.

In jeder Ebene existiert eine Phase für die Anforderungsanalyse und den Entwurf. Auf der System-Ebene erfolgt die System-Anforderungsanalyse und der System-Entwurf. Letzteres teilt sich in eine Anforderungsanalyse für Mechanik und Informationstechnik (IT). Für die Informationstechnik folgt dann der IT-Entwurf, welcher in die Hardware-Anforderungsanalyse und Software-Anforderungs-analyse zerfällt. In dieser Software-Ebene findet man die für SW-Projekte typische Phasen Anforderungsanalyse, Grob- und Feinentwurf, Implementierung und Modultest, womit man in die Integrations- und Testanteile des Vorgehensmodells übergeht. Für jede Ebene (SW, IT, System) existiert eine Phase für Integration und Test sowie Systemtest. Hier wird die Integration und der Integrationstest als jeweils eine einzelne Phase aufgefasst, da dies in der Praxis aus zeitlichen und organisatorischen Gründen sinnvoll ist.

2 QS-orientiertes System-Vorgehensmodell

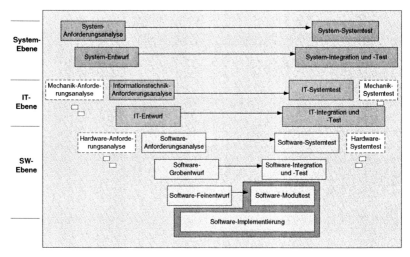

Abbildung 4: Vollständiges System-Vorgehensmodell

Aus Sicht der Software-Qualitätssicherung ist die Einbeziehung der Hardware- und Mechanik-Aspekte zwingend notwendig, da die Software
- die Intelligenz (bzw. Kern) des Gerätes darstellt,
- als flexibelste Komponente auch Fehler in der Hardware und Mechanik kompensieren muss,
- nur beim Vorhandensein (real, virtuell) von Hardware und Mechanik – ggf. einem Aufbau bzw. der Nachbildung des technischen Prozesses – erst vollständig testbar ist.

Nach dem Systemtest für Software und Hardware erfolgt die IT-Integration und der IT-Integrationstest. Das gleiche Muster finden wir eine Ebene höher, wo nach dem IT-Systemtest und Mechanik-Systemtest die Integration und der Integrationstest auf System-Ebene erfolgt. Abgeschlossen wird das Vorgehensmodell mit dem System-Systemtest.

Im Grunde genommen müsste nach jedem Systemtest auch ein Abnahmetest erfolgen. Der Abnahmetest stellt einen "Akzeptanz-Test" dar, da er gegen ein Lastenheft – ein Systemtest gegen ein Pflichtenheft – getestet wird. Da es selten ein Lastenheft für die jeweilige Phase gibt, bzw. daraus keine konkreten Test-Spezifikationen abgeleitet werden können, fällt er mit dem Systemtest zusammen. Falls organisatorische Grenzen (z. B. formelle Übergabe der Software (SW)) durch die SW-Abteilung) vorhanden sind, erfolgt ein formeller Abnahmetest in der realen Einsatzumgebung beim Auftraggeber und ggf. mit echten Daten des Auftraggebers, wobei die Testfälle des Abnahmetests eine Teilmenge der Systemtestfälle darstellen.

Erweiterungen des Vorgehensmodells um weitere Testaspekte sind in Abbildung 5 enthalten. Darin ist zu erkennen, dass der größte Funktionsanteil des Systems durch Software realisiert wird. Folglich ist das Test-Volumen, d. h. die Anzahl der zu testenden (Detail-) Funktionen in der SW-Ebene am größten.

2 QS-orientiertes System-Vorgehensmodell

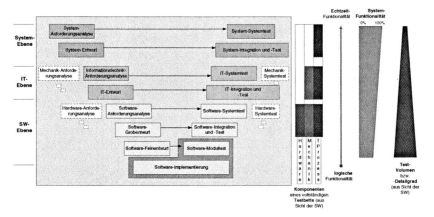

Abbildung 5: Vorgehensmodell – Erweiterung der Testsicht

Dagegen nimmt von der SW-Ebene weg hin zur System-Ebene die kritische und aufwendige Prüfung der Echtzeit-Funktionalität zu. Um die Echtzeit-Prüfung aus der System- in die IT-, bzw. SW-Ebene vorzuziehen, müssen fehlende Komponenten wie die Hardware oder Mechanik integriert werden (real oder nachgebildet), um aus Sicht der SW ein vollständiges Testbett zu erhalten.

In der Tabelle 1 werden die Ziele der einzelnen Phasen im Vorgehensmodell kurz beschrieben. Dabei werden die Phasen „Anforderungsanalyse", „Entwurf" und „Test" nur bei Bedarf nach System-, Informationstechnik- und Software-Aspekten unterschieden.

Phase	Definition
Anforderungs-analyse	Anforderungen legen die qualitativen und quantitativen Eigenschaften eines Produkts (System, IT, Software) aus der Sicht des Auftraggebers fest. Ziel dieser Phase ist, Anforderungen für das zu realisierende Produkt (System, IT, Software) zu identifizieren. Diese müssen möglichst vollständig und konsistent im Spezifikationsdokument festgehalten werden, um in den nachfolgenden Entwicklungsphasen wenig Interpretationsmöglichkeiten zu lassen.
Entwurf	Aufgabe des Entwurfs ist, aus den gegebenen Anforderungen an ein Produkt (System, IT, Software) eine (system-, informations-, software-) technische Lösung in Sinne einer (System-, IT-, Software-) Architektur zu entwickeln. Es beschreibt die Architektur-Komponenten, deren Schnittstellen und Funktionsumfang. Alle Anforderungen aus der Analyse-Phase müssen durch die Architektur-Komponenten erfüllt sein. Im Vorgehensmodell existiert bei der Software neben diesem Architektur-Entwurf (SW-Grobentwurf) noch ein Software-Feinentwurf. In dieser Phase wird das Architektur-Modell auf Modul-Ebene verfeinert und die Schnittstellen-Dokumentation vervollständigt.
Implemen-tierung	In dieser Phase werden die vorgegebenen Modulspezifikationen (Feinentwurf) in ein Programm-Code umgesetzt und dokumentiert.

2 QS-orientiertes System-Vorgehensmodell

Phase	Definition
Modultest	Der Modultest wird auf die kleinste kompilierbare und ausführbare Kode-Einheit angewendet. Gewöhnlich erfolgt dies durch den Entwickler selbst. Das Ziel dabei ist, Diskrepanzen zwischen dem Ist-Verhalten und Soll-Verhalten zu entdecken. Modultests werden gewöhnlich isoliert auf dem Host-Rechner (Entwicklungsrechner) vorgenommen. Zum Durchführen der Tests ist ein Modul an den Schnittstellen durch Dummies und Stubs geeignet zu stimulieren.
Integration und Integrationstest	Aufgabe des Integrationstests ist, das fehlerfreie Zusammenwirken von (System-, IT-, SW-) Komponenten zu überprüfen: Werden die Datenströme an den Schnittstellen alle auf die gleiche Weise interpretiert? Denn die zuvor getroffenen Vereinbarungen können falsch interpretiert oder implementiert worden sein. Neue Komponenten werden schrittweise getestet und hinzugefügt, bis das System komplett integriert ist.
Systemtest	Der Systemtest ist eine allgemeine Bezeichnung für das Testen eines vollständigen „Systems" (hier: System, Informationstechnik oder Software). Das „System" wird in die Zielumgebung überführt. Alternativ kann das jeweilige Umfeld simuliert werden – d. h. Simulation von Software, Hardware, Gerätemechanik und technischem Prozess. Bei größeren Projekten erfolgt der Systemtest durch eine unabhängige organisatorische Einheit. Im Unterschied zum Integrationstest wird beim Systemtest das „System" als Black-box betrachtet.

Tabelle 1 : Definition der Phashasen

2.2 Teilmodelle

Die Eingrenzung auf ein Teilmodell hängt davon ab, ob eine Grenzziehung möglich ist, an der ein vollständiger Funktionstest erfolgen kann. In Abhängigkeit davon, ob der technische Prozess bzw. die Gerätemechanik und die Hardware fest vorgegeben bzw. standardisiert sind, kann das vollständige Vorgehensmodell in ein „IT-Vorgehensmodell" (s. Abbildung 6) oder ein „SW-Vorgehensmodell" (s. Abbildung 7) überführt werden. Man kann sagen, dass auf einem fest vorgeschriebenen Lastenheft aufgesetzt wird.

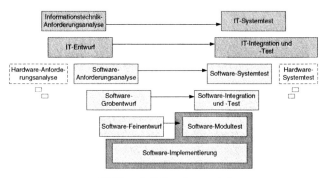

Abbildung 6: IT-Vorgehensmodell

Falls der technische Prozess bzw. die IT-System-Schnittstellen fest vorgegeben und standardisiert ist, wie zum Beispiel bei der Kommunikationstechnik, ist es nicht erforderlich, die Geräte-Mechanik im Vorgehensmodell zu berücksichtigen. Da hier das betrachtete System ein IT-System ist, stellt der Begriff „System" ein Synonym für „IT-System" dar. Folglich werden in der Literatur und der Praxis die Phasen „IT-Anforderungsanalyse" und „IT-Entwurf" auch als „System-Anforderungsanalyse" und „System-Entwurf" bezeichnet.

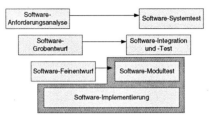

Abbildung 7: SW-Vorgehensmodell

Das IT-Vorgehensmodell zerfällt in ein reines SW-Vorgehensmodell, wenn zusätzlich die Hardware, auf der die Software ablaufen soll, fest vordefiniert ist. Die SW-System-Schnittstellen sind also eindeutig definiert. Zur dieser Klasse gehört z. B. die Applikations-Software. Hier wird der Begriff „System" mit Software belegt und die Phasen „Software-Anforderungsanalyse", „Software-Grobentwurf" usw. auch als „System-Anforderungsanalyse" und „System-Grobentwurf" bezeichnet.

2.3 Iterative, inkrementelle Entwicklung von eingebetteter Software

Aus praktischen Gesichtspunkten ist für eingebettete Systeme ein iteratives und inkrementelles Entwickeln besonders geeignet: Beispielsweise haben sich die Optimierungsschleifen zur Sicherstellung der Echtzeitfähigkeit etabliert. Zur qualitativ hinreichend guten Überprüfung der Realisierbarkeit des Konzeptes in Form von Prototypen oder Labormustern bzw. zur frühzeitigen Implementierung und Verifizierung von kritischen Teilen sind aus heutiger Sicht inkrementelle Entwicklungs-Schleifen erforderlich [Schätz00].

Im Vorgehensmodell können entsprechende Schleifen (Durchläufe) auf der System-, IT- und SW-Ebene durchgeführt werden (s. Abbildung 8), die hier als System-Schleife, IT-Schleife und Software-Schleife bezeichnet werden.

2 QS-orientiertes System-Vorgehensmodell

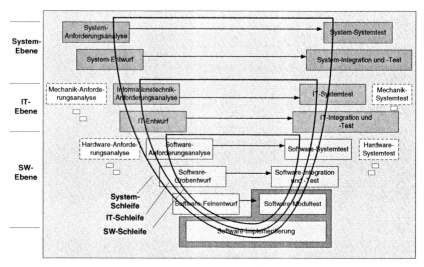

Abbildung 8: Iteratives, inkrementelles Entwickeln – Entwicklungs-Schleifen

Im Gegensatz zu konventionellen SW-Systemen ist bei eingebetteten Systemen das Nachbilden von Datenströmen sehr komplex und aufwendig. Dies hat beispielsweise zur Folge, dass der Funktionsnachweis eines Moduls nicht in der Modultest-Phase, sondern indirekt über den Integrationstest bzw. sogar dem Systemtest erfolgt. Die Überschreitung kann auch über die IT-Ebene bis hin zur System-Ebene gehen. In der Praxis zeigt sich also, dass es im Vorgehensmodell der eingebetteten Systeme fließende Übergänge in den Testphasen gibt.

Für das *inkrementelle Testen* können im Vorgehensmodell ebenfalls drei markante Durchläufe identifiziert werden (s. Abbildung 9): SW-Testschleife, IT-Testschleife und System-Testschleife. Wobei die „Weite" einer Testschleife von Verfügbarkeit bzw. Nachbildung der nächst höheren System-Umgebung (Hardware, Gerätemechanik und technischer Prozess) abhängt (s. auch Abbildung 5).

2 QS-orientiertes System-Vorgehensmodell

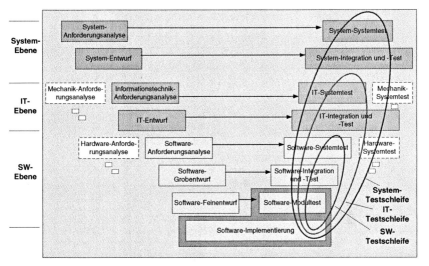

Abbildung 9: iteratives, inkrementelles Entwickeln – Test-Schleifen

3 Der Testprozess

Grundlage für die Optimierung von Prozessen ist eine detaillierte Beschreibung von Aktivitäten und Dokumenten. In Anlehnung an [Belli98], [Pol00] und die Dokumente des V-Modells [V-Modell97] und des IEEE (IEEE Standards 730-1998, 730.1-1995, 829-1998) wurde eine systematische Vorgehensweise für das Testen entwickelt. Die Einteilung in Prozessphasen hilft bei der Strukturierung des Testprozesses und stellt eine Grundlage dar, um aufwandsarm unternehmensspezifische Aspekte zusätzlich einzubringen. Dadurch ergibt sich der Vorteil, dass der Testprozess infolge der besseren Planbarkeit und Nachvollziehbarkeit effizienter und nachvollziehbarer wird.

Welche Aktivität aus dem Phasenplan wann und mit welcher Intensität im Projektverlauf durchzuführen ist, ist aus dem Kapitel Einordnung von QS-Maßnahmen in den Entwicklungsprozess zu entnehmen. Weiterhin ist es möglich, diese formelle Vorgehensweise nur auf kritische Komponenten zu beschränken.

Neben der Beschreibung des Phasenplans wird auf die einzelnen Test-Dokumente eingegangen und eine Gegenüberstellung der Dokumente aus dem V-Modell und des IEEE vorgenommen.

3.1 Phasenplan

Mit Testen wird meistens eine Tätigkeit im Entwicklungsprozess verstanden, welche nach der Fertigstellung der Software erfolgt. Damit ist die Vorstellung verbunden, Testen sei vornehmlich die Ausführung der Tests. Dies stellt jedoch nur eine Teilaktivität dar. Beispielsweise müssen zuvor Testfälle entworfen und implementiert werden. Die Planung und Vorbereitung der Tests besitzen die größte Bedeutung im Testprozess. Sie helfen, gezielter und effektiver Tests durchzuführen sowie Fehler frühzeitig zu entdecken. Wobei nicht vergessen werden darf, dass sich damit natürlich auch der Management- und Dokumentationsaufwand erhöht.

In dem hier vorgestellten Phasenplan (s. Abbildung 10) sind diese vorgelagerten Phasen besonders berücksichtigt, da sie in der Praxis im Vergleich zur Testdurchführung und Testauswertung weniger ausgeprägt bzw. etabliert sind. Der Testprozess ist danach in die vier Phasen *Testplanung*, *Testvorbereitung*, *Testdurchführung* und *Testauswertung* unterteilt. Aktivitäten stellen dabei Rechtecke mit gerundeten Ecken und Dokumente bzw. Objekte (z. B. Testumgebung oder Testobjekt) mit nicht gerundeten Ecken dar.

Testplanung

Der Testplan stellt die Grundlage für das Testen dar, worin das WER, WAS, WANN und WIESO des Testprozesses festgelegt werden. Ausgehend von den QS-Regelungen im Projekthandbuch und Projektplan sind im Testplan die Testobjekte, Aufgaben und Verantwortlichkeiten festzulegen. Parallel zur Planung der entsprechenden Entwicklungsarbeiten erfolgt die Festlegung des Zeitplans für das Testen. Vorteilhaft in der Praxis ist die Verwendung einer Standardvorlage für den Testplan. Wesentliche Aufgabe der Testplanung ist neben der Auswahl von Testobjekten die Durchführung einer Risiko-Analyse und die Definition der Testziele.

3 Der Testprozess

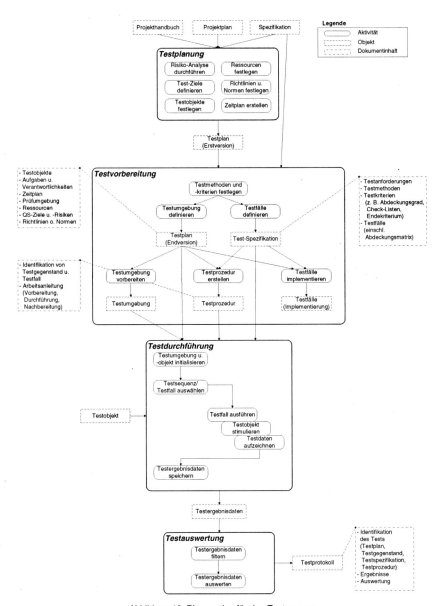

Abbildung 10: Phasenplan für den Testprozess

3 Der Testprozess

Im Rahmen einer *Risiko-Analyse* werden diejenigen Komponenten identifiziert, die ein hohes Risiko besitzen oder besonders fehleranfällig sind. Diese sind gründlicher und strenger zu testen. Das Ergebnis dieser Analyse ist u. a. für die Definition der Testziele erforderlich. [Perry95] beschreibt vier systematische Risiko-Analyse-Verfahren, mit unterschiedlichem Grad an Formalität: Erfahrung u. Intuition, Quantifizierung von Aufwand u. Nutzen, Identifikation u. Gewichtung von Risiko-Faktoren sowie werkzeugunterstützte Risiko-Bewertung. Die Identifikation und Gewichtung von Risiko-Faktoren stellt dabei das praktikabelste Verfahren dar und kann ggf. werkzeugunterstützt erfolgen.

Die Festlegung der *Testziele* ist sowohl ein kritischer als auch ein schwieriger Schritt in der Testplanung. Es muss festgelegt werden, was mit dem Testen erreicht werden soll. Neben allgemeinen Ziele sollten nach Möglichkeit auch nachweisbare bzw. messbare Ziele im Testplan enthalten sein. Wobei eine Testaktivität mehrere Ziele verfolgen kann.

Allgemeine Testziele kann man in die drei Klassen Nachweisung, Entdeckung und Vorbeugung einstufen (s. [SPMN98a]):

Nachweis:
- Zuversicht gewinnen, dass das System mit geringem (akzeptablem) Risiko genutzt werden kann.
- Prüfen von Merkmalen und Funktionen unter besonderen Bedingungen.
- Sicherstellen, dass ein Teilprodukt (-komponente) vollständig und bereit für die Integration ist.

Entdeckung:
- Fehler und System-Unzulänglichkeiten auffinden.
- Fähigkeiten und Einschränkung des Systems definieren.
- Informationen über die Qualität des Systems, der Komponenten und Arbeitsergebnisse bereitstellen.

Vorbeugung:
- Systemspezifikation und -performanz detaillieren bzw. analysieren.
- Informationen bereitstellen, die die Wahrscheinlichkeit von Fehlern reduzieren bzw. Fehler vorbeugt.
- Fehler früher im Entwicklungsprozess entdecken.
- Erkennen von Risiken, Problemen und Wegen um diese in Zukunft zu vermeiden.

Neben der Benennung aller relevanten Richtlinien und Normen, wird im Testplan zu jeder am Test beteiligten Einheit ihre Verantwortlichkeit und Zuordnung in bezug auf den Test kurz beschrieben.

3 Der Testprozess

Testvorbereitung

Im Rahmen der Testvorbereitung wird der Testplan um die Festlegung der Testmethoden und -kriterien sowie der Konzipierung der Testumgebung erweitert. In Abhängigkeit von den Testzielen und den Eigenschaften der zu testenden Komponente wird eine Testmethode ausgewählt.

Bei der *Testmethodik* wird unter anderem beschrieben, wie z. B. die Testdaten generiert werden – z. B. funktionale Äquivalenzklassenbildung, Grenzwertanalyse, Test spezieller Werte, Zufallstest oder Test von Zustandsautomaten – und wie die Testergebnisse und -auswertung gesichert werden müssen. Es wird geklärt, welche Daten während und nach dem Test wie festzuhalten sind.

Die *Testkriterien* sind derart festzulegen, dass der Test hinsichtlich seiner erfolgreichen Durchführung bewertbar ist. Bevorzugte Kriterien sind z. B. der Abdeckungsgrad (Angabe der Funktionsabdeckung, der Pfadabdeckung usw.) bzw. das Endekriterium. Das Letztere nennt Kriterien, unter denen der Test als erfolgreich abgeschlossen betrachtet werden kann. Dies gilt sowohl für einen erfolgreichen als auch für einen nicht bestandenen Test.

Existiert eine *Testumgebung* der geforderten Art bereits, so ist diese mit ihren Komponenten eindeutig zu identifizieren; andernfalls sind die Anforderungen an diese Umgebung zu definieren. Weitere benötigte Ressourcen (IT-Betriebsmittel, betriebliche Infrastruktur, Arbeitsmittel) sind zu nennen mit Detailangaben, wann und in welchem Umfang sie verfügbar sein müssen.

Die Definition der Testfälle erfolgt auf Basis der Testmethoden und -kriterien in einer *Test-Spezifikation*. In diesem Dokument sind neben den Testfällen auch die Testanforderungen, Testmethoden und Testkriterien festgeschrieben.

Die Beschreibung der Testfälle muss enthalten:
- was (Funktion, Genauigkeit, usw.) ist zu testen,
- welche Ausgangssituation ist hierfür erforderlich,
- welche Eingaben (Daten und Signale mit allen für den Test ausschlaggebenden Eigenschaften wie Zeitbedingungen) sind notwendig und
- welche Ergebnisse (Ausgabedaten und Reaktionen/Effekte) sind zu erwarten.

Da ein erschöpfendes Testen unter Berücksichtigung aller Testfälle nicht sinnvoll ist, ist ein Satz von Testfällen mit möglichst geringer Anzahl und mit möglichst großer Wirkung, d.h. breiter Überdeckung neuralgischer Stellen (Überdeckungsziel) wünschenswert. Weiterhin ist die Zuordnung von Testfällen zu System-Anforderungen in Form einer Abdeckungsmatrix zu dokumentieren.

Allgemeine Anforderungen an den Test sind zum Beispiel::
- Tests sind mit Normal-, Grenz- und fehlerhaften Werten durchzuführen.
- Tests sind unter Normal- und Ausnahmebedingungen (Höchstleistungen, Komponentenausfall, usw.) durchzuführen.
- Tests sind mit Echtdaten durchzuführen.
- Möglichst alle Ausführungsoptionen sind zu testen.

3 Der Testprozess

Aus der Test-Spezifikation und dem Testplan wird die *Test-Prozedur* – eine Arbeitsanleitung – erstellt, die exakte Anweisungen für jeden einzelnen Test enthält. Die Test-Prozedur definiert eine Anleitung sowie die Vorschriften für die Vorbereitung, Durchführung und Nachbereitung des Tests. Auf die Erstellung der Test-Prozedur kann z. B. bei unkritischen Fällen verzichtet, bzw. Standardvorlagen verwendet werden, da der Aufwand für die Dokumentation sehr groß sein kann. Abschließend werden unter Berücksichtigung der Testumgebung (Testplan), die in der Test-Spezifikation definierten Testfälle, meist in Form von Test-Scripts implementiert.

Die Testumgebung ist entsprechend den Anforderungen im Testplan vorzubereiten. Eine brauchbare Testumgebung erlaubt es, Testobjekte wiederholt aufzurufen, Eingabedaten bereitzustellen, Simulation benötigter, aber nicht vorhandener externer Ressourcen und Testergebnisse anzuzeigen oder auszugeben.

Testdurchführung und Testauswertung

Die Durchführung und Auswertung der Tests sind eng gekoppelt und werden gewöhnlich iterativ für verschiedene Testfall-Mengen durchlaufen.

Diese Phasen sind auch in der Praxis sehr weit gediehen und erfolgen hauptsächlich werkzeugunterstützt. Dafür gibt es zwei Gründe: Zum einen ist der enorme Test-Aufwand nur so effizient zu bewältigen, zum anderen ist wegen der Echtzeitfähigkeit, Nebenläufigkeit und hohen Interaktion zwischen den Komponenten ein manuelles Testen nicht möglich.

Beim Modultest, Integrationstest oder Systemtest existieren unterschiedliche Anforderungen und Werkzeuge mit jeweils unterschiedlichem Automatisierungsgrad. Da es viele kommerzielle Testwerkzeuge für die Entwicklungs-Plattform (Host-Rechner) gibt, sollte es Ziel sein, möglichst lange und ausführlich auf der Entwicklungs-Plattform zu testen. Geht man zum Testen auf das Zielsystem über, sind spezielle Testumgebungen und Werkzeuge (z. B. Emulatoren) notwendig. Insbesondere für den Systemtest sind in der Praxis viele Eigenentwicklungen vorzutreffen. Die besondere Schwierigkeit besteht in der geeigneten Stimulation und Beobachtung des Testobjektes sowie der Testdatenaufzeichnung. Stimuliert wird manuell über ein Schalterpult, eine Simulation bzw. Hardware-in-the-Loop (HiL) oder bei Kommunikationsschnittstellen durch ein Bus-Monitor, welches Telegramme einspeist und Busdaten aufzeichnet.

Die *Auswertung der Testdaten* sind vor allem bei Tests auf der Zielhardware nicht trivial. Unter anderem fallen durch die Echtzeitdatenaufzeichnung (z.B. durch den Bus-Monitor) sehr viele Informationen an, die vor ihrer Auswertung geeignet gefiltert werden müssen. Testwerkzeuge mit dieser Funktionalität erleichtern wesentlich diese Testaktivität.

Ein abgeschlossener Test wird in einem *Testprotokoll* festgehalten. Um nachträglich ein Test wiederholen zu können, ist eine eindeutige Identifizierung des Tests, durch Angabe des Testplans, des Testobjekts, der Testspezifikation und der Testprozedur erforderlich. Weiterhin enthält das Testprotokoll die Testergebnisse und die Auswertung.

3.2 Testdokumente

Der IEEE-Standard für Softwaretest-Dokumentation definiert wesentliche Dokumente für das Testen von Software. Für jedes Dokument ist die Zielsetzung, die Kurzbeschreibung und der Inhalt definiert. Der Standard kann auf alle Testphasen im Entwicklungsprozess (Modultest bis Systemtest) angewendet werden. Es werden jedoch keine Testmethoden, -techniken oder -werkzeuge vorgeschrieben. Jedes Dokument sollte auf die besonderen Anforderungen des zu entwickelnden Produktes bzw. der Testphase angepasst werden. Wichtig für die praktische Anwendung und Akzeptanz sind Standardvorlagen und die Online-Dokumentation.

Die entsprechenden Dokumente im V-Modell der Bundeswehr [V-Modell97] (s. Anhang D.1 QS-Dokumente im V-Modell) basieren auf diesen IEEE-Dokumenten. Wobei einige Dokumente zusammengefasst werden und nicht nur der Test, sondern allgemein Prüfungen, wie z.B. die Prüfung der Architektur oder Projektpläne, vorsehen.

In der nachfolgenden Tabelle sind die Beziehungen zwischen den beiden Standards zu sehen.

Testprozess (s. Abbildung 10 S. 13)	*V-Modell* (s. Anhang D.1)	*IEEE Standard 829-1983* (s. Anhang D.2)
Testplan	QS-Plan	Test Plan
	Prüfplan	
Testspezifikation	Prüfspezifikation	Test-Design Specification
		Test-Case Specification
Testprozedur	Prüfprozedur	Test-Procedure Specifications
		Test-Item Transmittal Report
Testprotokoll	Prüfprotokoll	Test Log
		Test Incident Report
		Test-Summary Report

Tabelle 2: Testdokumente im V-Modell und IEEE-Standards

4 Testwerkzeuge und Emulatoren

In diesem Kapitel gibt es eine Übersicht über kommerziell erhältliche Testwerkzeuge sowie die für eingebettete Systeme wichtigen Testausführungswerkzeuge, den Emulatoren. Zunächst wird ein Klassifikations-Schema definiert und die Testwerkzeuge in dieses Schema eingeordnet. Weiterhin wird beschrieben, wie man bei der Auswahl von Testwerkzeugen vorgehen sollte und welche Bewertungskriterien zu Grunde gelegt werden sollten. Für Emulatoren gibt es ebenfalls eine allgemeine Übersicht mit einer Checkliste für die Auswahl. Eine kurze Produktbeschreibung für die einzelnen Testwerkzeuge sind dem Anhang A.1 und zu Emulatoren dem Anhang A.2 zu entnehmen.

4.1 Testwerkzeuge

Die nachfolgenden Informationen wurden aus verschiedenen Quellen gewonnen. Als Literaturquellen sind zu nennen [Daich94], [Young97], [Marciniak94] und [Pol00]. Wichtige und aktuelle Beiträge konnten zudem aus den WEB-Seiten der Firmen Reliable Software Technologies, Sun Microsystems, Aonix und evolutif gewonnen werden.

Testwerkzeuge sind Hilfsmittel, mit denen effizientes Testen erst möglich wird bzw. stellt es eine Grundvoraussetzung für das Testen von eingebetteten Systemen dar. Als Testwerkzeuge werden dabei Werkzeuge bezeichnet, die in irgendeiner Form den Testprozess unterstützen [Daich94].

Ein Werkzeug, das alle Aspekte des Testens in sich vereint, gibt es nicht. Jedoch kann ein Testwerkzeug verschiedene Funktionalitäten bezüglich dem Test aufweisen, bzw. mehr als eine Phase im Testprozess (s. Kapitel 3) unterstützen. Bei Werkzeugen ist jedoch darauf zu achten, dass die Automatisierung von schlechten Test-Praktiken wenig effektiv sein kann.

4.1.1 Klassifizierungsschema

Die Klassifikation soll bei der Strukturierung der Testwerkzeuge und der Einordnung in die Testprozess-Phasen behilflich sein. Da es unterschiedliche Begrifflichkeiten und Klassifizierungen von Werkzeugen gibt, ist eine vollständige und allgemein anerkannte Einteilung nur schwer möglich. Diesen Anspruch stellt die nachfolgend vorgeschlagene Klassifikation nicht. Basierend auf [Daich94] und [POL00] und unter Berücksichtigung des oben vorgeschlagenen Testprozesses (s. Kapitel 3) wird ein Klassifikations-Schema, bestehend aus den Klassen Test-Management, Test-Design, Test-Durchführung und Test-Auswertung definiert.

4 Testwerkzeuge und Emulatoren

Klasse		Beschreibung
Test-Management		Verwaltung aller Test-Ressourcen über alle Test-Phasen hinweg. Hierzu gehören Tools zur Planung, Fortschrittsüberwachung, Dokumentation (Testplan, Test-Anforderungen, Test-Prozeduren, Test-Cases) und Konfiguration des gesamten Testprozesses.
Test-Design		Zu dieser Kategorie zählen unter anderem die „requirements tracers", welche Anforderungen mit Design-, Code- und -Test-Dokumenten verknüpfen. Wenn formale Anforderungen vorliegen ist es möglich mit Hilfe sog. „Testfall-Generatoren" Testfälle zu erzeugen. Häufig muss der Tester eine zusätzliche Beschreibung in der „Sprache" des Tools einfügen. Bei der Beschreibung kann es sich um eine grafische Form oder eine formale Sprache handeln. Meistens müssen diese Testfälle noch mit einem konkreten Inhalt gefüllt werden.
Test-Durchführung		Für diese Kategorie sind viele Arten von Test-Tools verfügbar. Hierzu gehören unter anderem Emulatoren, Simulatoren, Tools zur Automatisierung der Test-Ausführung, Regressionstest usw.. Hervorzuheben sind jedoch zwei Toolarten zur statischen und dynamischen Analyse.
	Statische-Analyse-Tool	Werkzeuge, die den Programm-Code ohne auszuführen analysieren. Das Ziel dabei ist nicht „harte Fehler" zu finden, sondern „unsicheres" Programmieren und fehleranfälligen Programmtext aufzuspüren. Eine grobe Einteilung in vier Gruppen ist bei den Funktionen dieser Tools möglich: Modulstrukturanalysen, Codierregeln, Stilführer, Software-Metriken.
	Dynamische-Analyse-Tool	Zu dieser Klasse gehören hauptsächlich Tools zur Messung der Testüberdeckung (white-box) und Funktionstest (black-box). Testüberdeckungs-Tools liefern Informationen über den Umfang, in dem ausgeführte Tests die Struktur der Software überdeckt haben und bieten als solches eine nützliche Unterstützung zur Messung der Wirksamkeit von Testtechniken. Tools für den Funktionstest haben insbesondere bei eingebetteten Systemen in der Systemtestphase eine große Bedeutung. Im engeren Sinne gehören auch Monitoring-Werkzeuge für die Speicherbelegung, CPU-Einsatz, Performance usw. zu dieser Kategorie. Meist sind jedoch diese Funktionalitäten in den jeweiligen Tools integriert.
Test-Auswertung		Hierzu gehören „einfache" Vergleichswerkzeuge (Comparator), die Unterschiede in Daten ermitteln. Zum Beispiel das Vergleichen der aktuellen Testausgabe mit der vorigen Testausgabe. Werkzeuge für die Erzeugung verschiedener Statistiken und Fehlerdatenbanken gehören ebenfalls zu dieser Klasse von Test-Tools.

Tabelle 3 : Klassifikationsschema für Testwerkzeuge

4.1.2 Übersicht Testwerkzeuge

Basierend auf den einführend genannten Informationsquellen sind in der Tabelle 4 die gängigen, kommerziellen Testwerkzeuge in das obige Klassifikationsschema eingeordnet. Auffallend ist, dass es eine Vielzahl von Werkzeugen für die Test- Durchführung gibt. Zunehmend mehr Unterstützung gibt es für die Management-Aufgaben. Vernachlässigt wird jedoch immer noch die Unterstützung des Test-Designs. Die geringe Nennung von Werkzeugen für die Test-Auswertung liegt darin, dass bei den Produktbeschreibungen diese Funktionalität nicht explizit genannt wird, da z.B. Funktionalität des Filterns und Vergleichens in den Werkzeugen für die Test-Durchführung schon integriert sind.

4 Testwerkzeuge und Emulatoren

Testwerkzeug		Test-Management	Test-Design	Test-Durchführung			Test-Auswertung
Name	Hersteller			statische Analyse	dynamische Analyse		
ATTOL Coverage	ATTOL Testware				x		
ATTOL SystemTest	ATTOL Testware			x	x		
ATTOL UniTest	ATTOL Testware			x	x		
C++Test	ParaSoft			x	x		
Caliber-RBT	Technology Builders	x	x	x			
Cantata	IPL Software Products			x	x		x
C-Cover	Bullseye Testing Technology				x		
CodeTest	Applied Microsystems				x		x
CodeWizard	ParaSoft			x			
CTB	Testlight				x		
IDAS TESTAT for C	IDAS			x	x		x
LDRA Testbed	LDRA Ltd.			x	x		
LOGISCOPE	Verilog			x	x		
McCabe QA	McCabe & Associates			x			
McCabe Test	McCabe & Associates	x	x		x		
MessageMaster	Elvior	x	x		x		
PC-lint	Gimpel			x			
QA C	Programming Research			x			
QADirector	Compuware	x					
Rational PureCoverage	Rational Software				x		
TestDirector	Mercury Interactive	x					x
TestExpert	Silicon Valley Networks	x					
TestQuest	TestQuest	x	x	x	x		
TestRunner	Qronus Interactive			x			x
TestWorks/TCAT C/C++	Software Research			x			x
Validator/Req	Aonix	x	x				

Tabelle 4: Übersicht Testwerkzeuge

Die klassischen Testwerkzeuge sind für den Einsatz auf der Entwicklungs-Plattform (Host-Rechner) gedacht und kommen aus der Welt der reinen Software-Systeme. Unterstützung der besonderen Belange von eingebetteter Software werden bei den Werkzeugen der Unternehmen ATTOL, Applied Microsystems, Elvior und Qronus Interactive genannt.

Werkzeug	Besonderheit
ATTOL SystemTest	Testumgebung wird erzeugt durch Simulatoren, die vom SystemTest Supervisor überwacht werden; durch das Target Package sowohl in Testobjekt- als auch in Host-Umgebung anwendbar; Verbindung zum getesteten Sub-System über alle nachrichtenverarbeitenden Schnittstellen möglich
CodeTest	3 verschiedene CodeTEST-Produkte - *Native:* für Tests in der frühen Codierungsphase in der Host-Umgebung - Software-In-Circuit: Test des Prüfobjekts durch Software, instrumentiert über Ethernet (TCP/IP) - Hardware-In-Circuit: Echtzeittest des Systems mittels externem Emulator

4 Testwerkzeuge und Emulatoren

Werkzeug	Besonderheit
MessageMaster	eine GUI-Schnittstelle erlaubt der Testperson die Überwachung des Nachrichtenaustauschs zwischen (simulierter) Umgebung und getesteter SW über eine TCP/IP- oder RS-232-Schnittstelle; außerdem existiert eine weitere Schnittstelle für DCOM-Klienten (für VBScript- und JScript-Sprachen)
TestRunner	störende Fehler durch den Eingriff des Tools in den Ablauf im SUT werden vermieden, da TestRunner nicht direkt das SUT, sondern die „Testumgebung (Prozessor) testet", in die es integriert ist; offene Schnittstelle zu anderen Testwerkzeugen sind vorhanden

Tabelle 5: Testwerkzeuge für eingebettete Systeme

4.1.3 Auswahlverfahren und Bewertung von Werkzeugen

Es wurden viele Verfahren für die Bewertung und Auswahl von Werkzeugen entwickelt. Viele dieser Verfahren sind schwer anzuwenden, da einige den geforderten Informationen nur schwer zu beschaffen sind [Daich94].

Eine kurze und allgemeine Vorgehensweise für die Auswahl von Werkzeugen, gekoppelt mit der obigen Werkzeugklassifikation und –übersicht, kann den Aufwand reduzieren helfen. Basierend auf [Young97, S. 4-7] wird folgendes Vorgehen empfohlen:

Schritt	Beschreibung
Bedarfsanalyse	Den Typ des Werkzeugs, den Verwendungszweck, die erforderliche Funktionalität sowie die mögliche Preisspanne festlegen. Weiterhin sind Hardwareeinschränkungen zu bestimmen.
Werkzeugübersicht	Auf Messen, Ausstellungen und Internet-Seiten Berichte über Werkzeuge besorgen sowie die Hauptkriterien festlegen, die das zu bestimmende Werkzeug erfüllen muss.
Werkzeugauswahl	Neben den Berichten, ggf. objektive Auswertung verschiedener Werkzeuge besorgen und eine engere Auswahl (ein oder zwei) von Werkzeugen treffen, die am besten die Hauptkriterien erfüllen.
Werkzeugprüfung	Schrittweise in die Evaluierungsversion bzw. Vollversion des Werkzeugs einarbeiten. Dabei zunächst einfache Grund-Funktionen, wie Methoden, Editor, Benutzer-Schnittstelle, Dateneingabe und Berichtswesen und anschließend erweiterte Funktionen, wie Menüanpassung, Import-/Exportfunktionalität und Berichtanpassung prüfen.

Tabelle 6: Vorgehensweise bei der Auswahl von Werkzeugen

Für die ausführliche Analyse von Testwerkzeugen sind in der Tabelle 7, in Anlehnung an [ES-SI-IMPACT], Bewertungskriterien definiert. Hier sind neben allgemeinen Anforderungen an Tools auch Bewertungskriterien für Test-Management-Tools, für die Testdaten-Generierung, das dynamische und statische Testen aufgeführt.

Aspekt	Bewertungskriterien
allgemeine Anforderungen an Tools	Mehrbenutzer-Unterstützung – Intuitive Benutzeroberfläche – Übereinstimmung mit der vorhandenen Entwicklungsumgebung – Skalierbarkeit – Flexibilität bei der Integration anderer Software-Entwicklungs-Tools
allgemeine Anforderungen an Test-Tools	Einfache Installation – Konfigurations-Management – Dokumentation – Reproduzierbarkeit/Wiederholbarkeit – Wiederverwendbarkeit
Anforderungen für Test-Management-Tools	Verwalten der Testprozess-Anforderungen Verknüpfung von Test-Sequenzen mit der System-Spezifikation und den Änderungsdokumenten Verwalten der Test-Dokumente, Test-Daten und Test-Ergebnisse Planung des Test-Prozesses mit grafischer Darstellung

4 Testwerkzeuge und Emulatoren

Aspekt	Bewertungskriterien
	Verknüpfen und Speichern von Funktionen und den zugehörigen Anfangs-Test-Bedingungen
	Priorisierung der Tests (z. B. Zuweisung von Risiko-Faktoren)
	Definition eines Testplans
	Generierung von Statusberichten (mit grafischer Darstellung)
	Zuordnung und Dokumentation von entdeckten Fehlern zu den Test-Personen
Testdaten-Generierung	Generierung von Testdaten für Normal- und Extrem-Werte
	Importieren von existierenden Testdaten, z. B. aus vorhergehenden Projekten oder Tests
	Veränderung und Anpassung der Testdaten
	Aktualisierung der Testdaten bei Änderungen
	Aufbereiten der Testdaten für die Testausführung
Dynamisches Testen	*Dynamische Analyse*: Daten- und Datenfluss-Analyse – Kontrollfluss-Analyse und -Berichte – Funktionsaufruf-Bericht – Zeitanalyse
	White-Box-Tests: Programm-Abdeckung (Pfad, Zweig, Anweisung) – Automatische Testwiederholung – Test-Unterstützung sowohl für strukturierte als auch objektorientierte Programmiersprachen
	Black-Box-Tests: Datenprüfung – Funktionsprüfung – Automatische Testwiederholung
	Performanz-Messung und -Analyse
	Entwicklungsumgebung für die Generierung und Anpassung von Testfällen
	Automatische Aufzeichnung von Testfällen
	Automatische Testwiederholung
Statisches Testen	Kontroll-Fluss-Graph
	Funktionsaufruf-Diagramme
	Statistiken und Metriken, wie: Anzahl Kommentare, Anweisungen, Programmzweige – Anzahl Vor- und Rück-Sprünge – Maximale Sprungdistanz, McCabe-Komplexität – Anzahl Operationen, Aufrufe, direkter/indirekter Rekursionsaufrufe, möglicher Pfade – Maximale/Minimale Pfadlänge – Anzahl Pfade mit direkten/indirekten rekursiver Aufrufe – Anzahl unterschiedlicher Endzustände, durchschnittlicher Anzahl von Pfaden pro Endzustand – Gesamtzahl an Funktionen pro Modul
(in Anlehnung an [ESSI-IMPACT])	

Tabelle 7: Bewertungs-Kriterien für Test-Tools

4 Testwerkzeuge und Emulatoren

Das nachfolgende Schema basiert auf Tabelle 7 und dient zur Bewertung von Testwerkzeugen aus industrieller Sicht. Die Ergebnisse der Umfrage sind dem Anhang zu entnehmen.

I. Allgemeine Bewertung

Unternehmen:

Name des Unternehmens:	Email: ....
Name des Bearbeiters:	Telefon: ....

Testwerkzeug:

Testwerkzeugname:	
Herstellername:	Betriebssystem: ....

Allgemeine Bewertung:

Produktgesamteindruck :	☐ gut	☐ mittelmäßig	☐ mangelhaft
Unterstützung durch den Hersteller:	☐ gut	☐ mittelmäßig	☐ mangelhaft
Würden Sie andere Testwerkzeuge bevorzugen?		☐ ja	☐ nein
wenn ja welche?...			

Stärken des Produkts:

Schwächen des Produkts:

Ratschläge für mögliche zukünftige Benutzer dieses Produkts:

II. Detaillierte Bewertung

Aspekt	Bewertungskriterium	vorhanden ja	vorhanden nein	Bewertung gut	Bewertung schlecht
allgemeine Anforderungen an Tools	Mehrbenutzer-Unterstützung				
	Intuitive Benutzeroberfläche				
	Übereinstimmung mit vorhandener Entwicklungsumgebung				
	Skalierbarkeit				
	Flexibilität bei Integration anderer Software-Entwicklungs-Tools				
allgemeine Anforderungen an Test-Tools	Einfache Installation				
	Konfigurations-Management				
	Dokumentation				
	Reproduzierbarkeit/Wiederholbarkeit				
	Wiederverwendbarkeit				
Anforderungen für Test-Management-Tools	Verwalten der Testprozess-Anforderungen				
	Verknüpfen von Test-Sequenzen mit System-Spezifikation				
	Verwalten der Test-Dokumente, Test-Daten, Test-Ergebnisse				
	Planung des Test-Prozesses mit graphischer Darstellung				
	Verknüpfen/ Speichern von Funktionen und Anfangs-Bedingungen				
	Priorisierung des Tests (Zuweisung von Risikofaktoren ...)				
	Definition eines Testplans				
	Generierung von Statusberichten (mit grafischer Darstellung)				
	Zuordnung/Dokumentation von entdeckten Fehlern zur Testperson				
Testdaten-Generierung	Generierung von Testdaten für Normal- und Extremwerte				
	Importieren von existierenden Testdaten				
	Veränderung und Anpassung der Testdaten				
	Aktualisierung der Testdaten bei Änderungen				
	Aufbereiten der Testdaten für die Testausführung				
Dynamisches Testen	*Dynamische Analyse:* Daten/Datenfluss-Analyse				
	Kontrollfluss-Analyse und –Berichte				
	Funktionsaufrufbericht				
	Zeitanalyse				
	White-Box-Tests: Programm-Abdeckung				
	Automatische Testwiederholung				
	Testunterstützung für strukturierte und objektorientierte Programmiersprachen				
	Black-Box-Tests: Datenprüfung				
	Funktionsprüfung				
	Automatische Testwiederholung				
	Performanz-Messung und –Analyse				
	Entwicklungsumgebung für Generierung/Anpassung von Testfällen				
	Automatische Aufzeichnung von Testfällen				
Statisches Testen	Kontroll-Fluss-Graph				
	Funktionsaufrufdiagramme				
	Statistiken und Metriken *(falls vorhanden, bitte eintragen)* :				
	Anzahl Kommentare / Anzahl möglicher Pfade				
	Anzahl Anweisungen / Maximale/Minimale Pfadlänge				
	Anzahl Programmzweige / Anzahl Pfade mit direkten/indirekten rekursiven Aufrufen				
	Anzahl Vor- und Rücksprünge				
	Maximale Sprungdistanz / Anzahl unterschiedlicher Endzustände				
	McCabe-Komplexität / Durchschnittlicher Anzahl von Pfaden pro Endzustand				
	Anzahl Operationen				
	Anzahl Aufrufe / Gesamtzahl an Funktionen pro Modul				
	Anzahl direkter/indirekter Rekursionsaufrufe				

4 Testwerkzeuge und Emulatoren

4.2 In-Circuit-Emulatoren

In-Circuit-Emulatoren sind trotz der zunehmenden Systemintegration und dem damit verbundenen Problem der Anschaltung einer der wichtigsten Debugging-Werkzeuge: Das Ersetzen des Mikroprozessors durch eine spezielle Hardware (In-Circuit-Emulator) ermöglicht einen Einblick in die internen Operationen und zeitlichen Programmabläufe. Standard-Debugging-Funktionalitäten von Emulatoren sind: Breakpoints, schrittweise Programmausführung sowie Anzeige und Veränderungen von Registern und Speichern. Komplexe Funktionen wie z.B. Echtzeit-Trace, RAM-Emulation und komplexe Breakpoints unterstützen bei Problemen, die mit der Echtzeit oder komplizierten Interaktionen verknüpft sind. In der Tabelle 8 sind zu sehen welche Prozessoren durch welche Emulator-Hersteller unterstützt werden (s. auch Anhang A.2).

Prozessoren	Applied Microsystems	Archimedes Software	Ashling Mikrosysteme	Ceibo Germany	Hitex	Kleinhenz	Lauterbach	MetaLink	Microtek	Nohau Elektronik	Phyton	Signum	WindRiver
AMD					x	x				x			
ARM							x						
Atmel					x		x			x	x		
Dallas Semiconductor					x		x	x	x	x	x	x	
Faselec							x						
Fujitsu				x									
Hitachi				x			x						
IBM				x			x						x
Infineon				x	x		x	x	x	x	x	x	
Intel	x	x	x	x	x	x	x	x	x	x	x	x	
ISSI												x	
MHS					x			x	x				
Microchip				x						x	x		
Mitsubishi				x			x						
Mosel										x			
Motorola	x	x	x		x	x	x	x	x	x			x
National Semiconductor							x	x					
NEC				x	x		x	x					
OKI				x	x		x	x	x	x	x		
Philips				x	x	x	x	x	x	x	x		
Sharp				x									
SMC							x						
SST												x	
ST-Microelectronics					x	x			x				
Synopsis												x	
Temic					x			x	x		x		
Texas Instruments					x			x					
Toshiba				x			x						
WDC				x									
Zilog				x			x						x

Tabelle 8: Übersicht In-Circuit-Emulatoren

Nachfolgend sind allgemeine Kriterien in Form einer Checkliste aufgestellt, die nach [Bernard00] bei der Auswahl von Emulatoren berücksichtigt werden sollten:

- **Modularität.** Ist der Emulator modular aufgebaut und wie erfolgt die Skalierung?
- **Prüfsonde (Probe).** Was für Prüfsonden-Option sind für welche Mikroprozessoren vorhanden?
- **Analyse auf Systemebene.** Welche Prüfmethoden bzw. Messverfahren werden auf Systemebene unterstützt?
- **Real-Time-Trace.** Unterstützt das Trace-System den Datenzugriff und die Programmausführung innerhalb des internen Programmspeichers?
- **Einfluss auf das Zielsystem.** Ist es für das Real-Time-Trace oder andere Ereignisse notwendig, das Target-System anzuhalten bzw. zu unterbrechen?
- **Debugger.** Welche Debugger und Entwicklungsumgebungen werden unterstützt?
- **Download-Geschwindigkeit.** Für welche Mikroprozessoren gibt es welche Download-Geschwindigkeiten?
- **Emulations-Speicher.** Welche Typen von Emulations-Speichern sind vorhanden und unterstützten sie die volle Bus-Geschwindigkeit?
- **Wiederverwendbarkeit.** Kann der Emulator höhere externe Bus-Frequenzen und Prozessoren unterstützen als heute erforderlich?
- **Technische Unterstützung.** Was für eine technische Unterstützung wird geboten?

Abbildung 11: Checkliste für die Auswahl von Emulatoren

Für weitergehende Informationen siehe auch [Bernard00] und [Ganssle99].

5 Testfall-Entwurf

Klassische Verfahren des Testfallentwurfs erfüllen die Anforderungen der Praxis hinsichtlich der Effizienz, der graphischen Darstellung und Handhabbarkeit bei umfangreichen Testproblemen nicht zufriedenstellend. Im Folgenden wird ein Konzept für den Testfall-Entwurf basierend auf der Klassifikationsbaum-Methode zur Testdaten-Ermittlung und einer erweiterten Beschreibung von Messsage Sequence Charts (MSC) für die Testablauf-Beschreibung vorgestellt.

5.1 Problemstellung

Die Entwicklung eingebetteter Systeme ist aufgrund technischer Anforderungen und Randbedingungen ein sehr anspruchsvoller Prozess [Bergmann98]. Da die Entwicklung eingebetteter Software im wesentlichen manuell und mit hoher Kreativität durchgeführt werden muss, ist der Entwicklungsprozess sehr fehlerbehaftet. Eine Folge davon ist, dass der Großteil der Entwicklungskosten durch qualitätssichernde Maßnahmen entstehen [Waligora+96].

Das Testen wird in der Fachwelt als eines der wichtigsten Maßnahmen zum Qualitätsnachweis angesehen [Hedley90, McCabe95]. Der erste Schritt im Testprozess stellt der Entwurf von Testfällen dar. Er besitzt einen hohen Stellenwert, da die Qualität der Testfälle und damit, die des Testobjektes durch ihn wesentlich bestimmt wird.

Gegenwärtig wird bei Testfällen keine Trennung zwischen *Testfall-Spezifikation* und *Testfall-Implementierung* vorgenommen. Das Fehlen von geeigneten Beschreibungsmitteln führt dazu, dass Testfälle direkt in eine Implementierung überführt werden. Diese Art der Beschreibung ist somit implementierungsabhängig [Cantata95]. Der Bruch zwischen Testziel und Testfall-Implementierung stellt eine semantische Lücke dar, was die Testfallerstellung schwerer und unübersichtlicher werden lässt. Die daraus resultierende Hemmung der Wiederverwendung von Testfällen führt in der Praxis zu einer geringen Akzeptanz hinsichtlich eines effizienten Testfall-Entwurfs: Testfälle können nicht systematisch und frühzeitig im Entwicklungsprozess erstellt werden.

Beim *Funktionstest* stellt das Ableiten von geeigneten Testfällen ein zentrales Problem dar. Da im allgemeinen ein vollständiger Test nicht durchführbar ist, müssen Testfälle so bestimmt werden, dass die Wahrscheinlichkeit gemäß den Anforderungen groß genug ist, Fehler zu finden.

Die *Anforderungen an die Lösung* lassen sich hinsichtlich Engineering und Technologie unterscheiden [Bender+00]: Für den Einsatz in der industriellen Praxis muss die Methode neben einer geeigneten Werkzeugunterstützung, anschaulich, leicht erlernbar, nachvollziehbar sowie wiederverwendungsorientiert sein. Die besonderen Eigenschaften eingebetteter Systeme erfordern, dass Testfälle neben geeigneten Testdaten auch die Beschreibung von zeitlichen Abläufen beinhalten.

5.2 Klassischer Testfall-Entwurf

Verfahren für die Testfallermittlung werden prinzipiell danach unterschieden, ob sie auf einer formalen System-Spezifikation basieren oder nicht [Grimm95]. Trotz der Vorteile, die eine formale Spezifikation für ein systematisches Vorgehen und einer Automatisierung im Hinblick

5 Testfall-Entwurf

auf die Testfallermittlung bietet, hindert die mangelnde Verbreitung und Akzeptanz der formalen Spezifikation in der industriellen Praxis die Anwendung entsprechender Verfahren [Schätz+00]. Für die Testfall-Ermittlung, die nicht auf einer formalen Spezifikation basiert, gibt es folgende wichtige Verfahren: Bei der Äquivalenzklassenbildung [Myers99] wird der Definitionsbereich der Eingabeparameter in eine endliche Anzahl von disjunkten Wertemengen (Äquivalenzklassen) zerlegt. Es wird davon ausgegangen, dass ein Testobjekt bei der Verarbeitung eines Repräsentanten aus einer Äquivalenzklasse so reagiert, wie bei allen anderen Werten aus dieser Äquivalenzklasse. Ziel der Grenzwertanalyse ist, die häufig auftretenden Fehler an der Grenze von Äquivalenzklassen zu entdecken. Folglich werden für den Test Grenzwerte ausgewählt. Ein weiteres systematisches Verfahren zur Verknüpfung von Eingaben (Ursachen) und Ausgaben (Wirkungen) stellt die Ursachen-Wirkungs-Graph-Analyse dar. Ihr Zielt ist es, die Funktionen des Testobjekts in allen möglichen Kombinationen zu testen [Myers99, Hetzel88].

Da diese klassischen Verfahren die Anforderungen der Praxis hinsichtlich der Effizienz, der graphischen Darstellung und Handhabbarkeit bei umfangreichen Testproblemen nicht zufriedenstellend erfüllen, ist aus der industriellen Praxis die Klassifikationsbaum-Methode entstanden [Grimm95, Simmes96]. Neben der systematischen und effizienten Klassifikation des Eingaberaums hat diese Methode jedoch den Nachteil, dass parallele Abläufe und zeitliche Bedingungen nur schwer beschreibbar sind.

Zur Beschreibung des zeitlichen Verhaltens setzten sich in vielen Domänen die Sequence-Diagramme durch. Am weitesten haben sich die MSCs [Z120] verbreitet. Im Standard dieser graphischen Beschreibungstechnik sind jedoch Zeitbedingungen nicht ausreichend intuitiv beschreibbar und die Einbeziehung konkreter Testdaten nicht möglich.

Um sowohl die Engineering- als auch die Technologie-Anforderungen an den Testfall-Entwurf zu erfüllen, gibt es neue Ansätze, unterschiedliche Beschreibungen zu kombinieren: Beispielsweise gibt es neue Überlegungen die MSCs in TTCN (Tree and Tabular Combined Notation) [ETSI00a, ETSI00b, ETSI00c] zu integrieren.

5.3 Effizienter Testfall-Entwurf

Das entwickelte Konzept für den Testfall-Entwurf basiert auf die Klassifikationsbaum-Methode zur Testdaten-Ermittlung und einer erweiterten Beschreibung von Messsage Sequence Charts (MSC) für die Testablauf-Beschreibung (s. Abbildung 12). Für die praktische Verwendbarkeit und zur Validierung ist ein erstes prototypisches Werkzeug entstanden.

5 Testfall-Entwurf

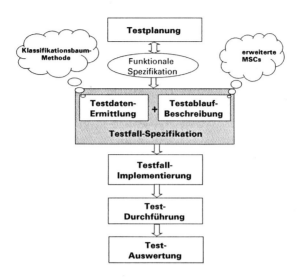

Abbildung 12: Konzept für den Testfallentwurf

5.3.1 Testdaten-Ermittlung mit der Klassifikationsbaummethode

Ein wesentliches Problem bei der Anwendung der existierenden Ansätze zum funktionalen Testen eingebetteter Systeme besteht in der unzureichenden Systematik beim Zerlegen des Eingaberaums in eine endliche Anzahl testrelevanter Teilmengen und der daraus resultierenden ungenügenden Leistungsfähigkeit, insbesondere in Bezug auf den gezielten Test von Kombinationen verschiedener Eingabekonstellationen und die Beherrschung großer Komplexität. Weitere wichtige Defizite beziehen sich auf die Handhabbarkeit und die Automatisierbarkeit sowie auf die Messbarkeit des Testumfangs.

Im folgenden wird mit der Klassifikationsbaum-Methode eine mögliche Lösung für die oben genannten Probleme vorgestellt. Die Methode bietet eine weitreichende Unterstützung für die systematische Testdaten-Ermittlung. Es ist ein systematisches, anschauliches, leicht nachvollziehbares und leicht erlernbares Verfahren, die den Tester in die Lage versetzt, Fallunterscheidungen bei der Identifikation testrelevanter Eingabekonstellationen disjunkt und vollständig vorzunehmen. Weiterhin existiert für diese graphische Methode eine leistungsfähige Rechnerunterstützung [Grimm95].

Die grundsätzliche Idee der Klassifikationsbaum-Methode ist es, zuerst die Menge der möglichen Eingaben für das Testobjekt getrennt auf verschiedene Weisen unter jeweils einem geeigneten Gesichtspunkt zu zerlegen, um dann durch Kombination dieser Zerlegungen zu Testfällen zu gelangen (s. Abbildung 13). Jeder Gesichtspunkt soll eine eng begrenzte und damit übersichtliche Unterscheidung der möglichen Eingaben für das Testobjekt erlauben. Anschließend wird unter jedem Gesichtspunkt eine Zerlegung der Menge der möglichen Eingaben vorgenommen. Diese

5 Testfall-Entwurf

Zerlegung ist eine Klassifikation im mathematischen Sinne. Zu jedem Gesichtspunkt entsteht eine Klassifikation.

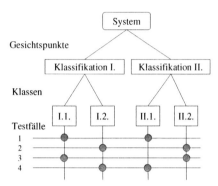

Abbildung 13: Testdaten-Ermittlung mit der Klassifikationsbaum-Methode

Ein Testfall entsteht durch die Kombination von Klassen unterschiedlicher Klassifikationen, wobei aus jeder eingeführten Klassifikation genau eine Klasse berücksichtigt wird. Ein Testfall ist also die durch Bildung des Durchschnitts der jeweils gewählten Klassen entstehende Schnittmenge. Bei der Kombination der Klassen ist auf logische Vereinbarkeit zu achten.

5.3.2 Spezifikation des Testablaufs mit erweiterten Message Sequence Charts

Die ursprüngliche Form der MSCs bietet das Sprachkonstrukt Timer für die Beschreibung von zeitlichen Aspekten, das aber in vielen Fällen zu einer unüberschaubaren und folglich wenig intuitiven Beschreibung führt. Für die Beschreibung von Testfällen ist die Berücksichtigung von konkreten Testdaten notwendig. Jedoch bieten die originalen MSCs keine Möglichkeiten zur Einbeziehung von Testdaten. Um diesen Nachteil zu beheben, wurden die nachfolgenden Erweiterungen vorgenommen (s. Abbildung 14).

Mit Hilfe von *Intervallen* – zeitliche Constraints – kann die minimale und maximale Zeitgrenze zwischen zwei Nachrichten, Aktionen oder Zustände festgelegt werden. *Deadlines* stellen eine Zeitgrenze dar, die die maximale Dauer zwischen dem Senden und dem Empfang einer Nachricht bestimmten. Weiterhin wurden die Nachrichten mit Daten, die Instanzen mit Variablen und MSCs mit formalen Parametern versehen.

5 Testfall-Entwurf

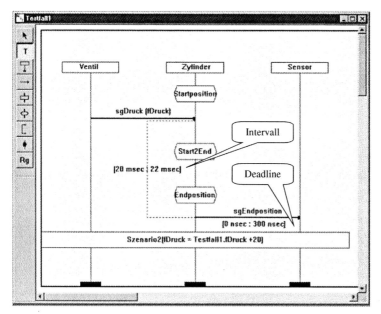

Abbildung 14: Vorgenommene Erweiterungen der MSCs

Mit diesen vorgenommen Erweiterungen ist es möglich, Klassen von Testabläufen zu beschreiben und somit den Wiederverwendbarkeitsgrad zu erhöhen. Weitere Aspekte, die beim Testen berücksichtigt werden müssen sind die Wertgrenzen für die Instanzvariablen/Parameter und die Abhängigkeiten von Instanzvariablen. Um die Abhängigkeiten und Einschränkungen (Constraint) beschreiben zu können, wird die Object Constraint Language (OCL) genutzt.

5.4 Ausblick

Zur Sicherstellung einer aufwandarmen Einführung in die Praxis ist ein Konzept für den Datenaustausch mit Extensible Markup Language (XML) definiert, welches eine Integration in das bestehende Werkzeugumfeld ermöglicht (s. Abbildung 15).

5 Testfall-Entwurf

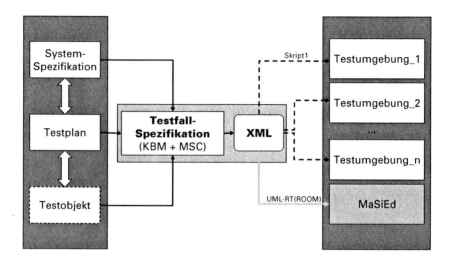

Abbildung 15: Integration in das bestehende Umfeld

Des weiteren bedarf es eines entsprechenden Vorgehensmodell zur systematischen Nutzung des vorgestellten Testfall-Entwurfs-Konzeptes, welches momentan am Institut definiert wird.

Zur Validierung und Erprobung werden die Konzepte bei der Entwicklung eingebetteter Systeme sowohl im Institut als auch bei Projektpartnern angewendet.

6 QS-Maßnahmen im Vorgehensmodell

In diesem Kapitel wird nach einer Einführung und Strukturierung von QS-Maßnahmen erläutert, in welcher Entwicklungsphase welche QS-Maßnahmen sinnvoll sind. Ausführliche Beschreibungen zu den QS-Maßnahmen sind im Anhang bzw. in den dort erwähnten Literaturhinweisen zu finden.

6.1 Einführung in QS-Maßnahmen

Ziel dieses Kapitels ist es, eine kurze Übersicht der gebräuchlichsten Qualitätssicherungsmaßnahmen zu geben und diese grob zu strukturieren. Genauere Beschreibungen der Qualitätssicherungsmaßnahmen sind im Anhang bzw. in den dort erwähnten Literaturhinweisen zu finden.

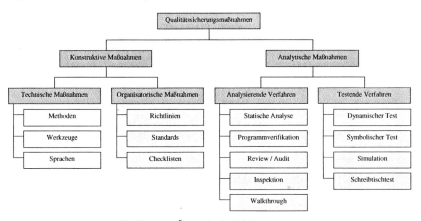

Abbildung 16: Übersicht der QS-Maßnahmen

Grundsätzlich lassen sich die QS-Maßnahmen wie in Abbildung 16 dargestellt in Konstruktive und Analytische Maßnahmen untergliedern.

Konstruktive Qualitätssicherung sorgt dafür, dass die Produkte bzw. der Erstellungsprozess von vorne herein bestimmte Eigenschaften erfüllen. Dies kann durch technische Maßnahmen wie die Verwendung von bestimmten Methoden, Werkzeugen oder Sprachen für die Entwicklung erreicht werden, als auch durch Organisatorische Maßnahmen wie Richtlinien (Programmier-, QS-Richtlinien), Standards (ISO/DIN/IEC, Firmenstandards) und Checklisten.

Im Gegensatz zur konstruktiven Qualitätssicherung bringt die analytische Qualitätssicherung keine Qualität direkt in das Produkt oder den Entwicklungsprozess, sondern durch sie wird die existierende Qualität gemessen. Das Ziel ist also die Prüfung und Bewertung der Qualität der Prüfobjekte.

Man kann die analytische Qualitätssicherung dann noch in analysierende Verfahren und testende Verfahren unterscheiden, wobei der prinzipielle unterschied darin liegt, dass bei den analysierenden Verfahren auf die dynamische Ausführung des Prüflings verzichtet wird. Die folgende

6 QS-Maßnahmen im Vorgehensmodell

Tabelle 9 soll eine kurze Übersicht der analytischen QS-Maßnahmen und deren prinzipiellen Ziele aufzeigen. Ausführlichere Beschreibungen sind im Anhang zu finden.

Analysierende Verfahren	
Statische Analyse	Methoden, um Rückschlüsse auf Eigenschaften der Software direkt aus sich selbst zu ziehen, ohne diese auszuführen bzw. ihre Entwicklung zu betrachten.
Programmverifikation	Die Verifikation zeigt mit mathematischen Mitteln die Konsistenz zwischen der Spezifikation und der Implementierung einer Systemkomponente.
Review/Audit	Manuelle, semiformale Prüfmethoden, um Schwächen eines schriftlichen Dokumentes anhand von Referenzunterlagen zu identifizieren und durch den Autor beheben zu lassen. Gegenüber einer Inspektion ist ein Review weniger, gegenüber einem Walkthrough aber stärker formalisiert. Von einem Audit spricht man meist, wenn ein Review im Rahmen einer Zertifizierung (z.B. ISO 9000) durchgeführt wird. (siehe Anhang B 2.3)
Inspektion	Manuelle, formalisierte Prüfmethode, um schwere Defekte in schriftlichen Dokumenten anhand von Referenzunterlagen zu identifizieren und durch den Autor beheben zu lassen.
Walkthrough	Manuelle, informale Prüfmethode, um Fehler, Defekte, Unklarheiten und Probleme in schriftlichen Dokumenten zu identifizieren. Der Autor präsentiert das Dokument in einer Sitzung den Gutachtern, abgeschwächte Form eines Reviews.
Testende Verfahren	
Dynamischer Test	Den dynamischen Test kann man Hauptsächlich in die zwei Gruppen Strukturtests (White-Box-Test) und funktionale Tests (Black-Box-Test) unterteilen. Allen Verfahren ist gemeinsam, dass beim Test das Programm ausgeführt und mit konkreten Eingabewerten versehen wird. Auch ist es beim dynamischen Test möglich, das Programm in seiner realen Umgebung zu testen. Dabei sind dynamische Tests aber immer Stichprobenverfahren, d.h. die Korrektheit eines getesteten Programms wird durch diese nicht bewiesen.
Symbolischer Test	Beim symbolischen Test wird ein Quellprogramm mit allgemeinen symbolischen Eingabewerten durch einen Interpreter ausgeführt. Die symbolische Ausführung stellt einen Ansatz dar, den Stichprobencharakter des dynamischen Tests zu beseitigen.
Schreibtischtest	Unter dem Begriff Schreibtischtest ist das zu verstehen, was der Softwareentwickler an seinem Schreibtisch ohne Programmausführung unternehmen kann, um nach Fehlern zu suchen und diese zu entfernen.

Tabelle 9: Analytische QS-Maßnahmen

6.2 Einordnung von QS-Maßnahmen in den Entwicklungsprozess

Nachfolgend gibt es eine Übersicht von möglichen QS-Maßnahmen in den jeweiligen Entwicklungsphasen.

Jedes Ausgangsprodukt einer Entwicklungsphase wird überprüft, um festzustellen, ob die zu Anfang der Phase gestellten Anforderungen erfüllt. Die Qualitätssicherung prüft, ob die Anforderungen richtig, vollständig und nachvollziehbar implementiert wurden. Ihr Ziel ist es, durch eine umfassende Analyse und Test der Software sicherzustellen, dass die gewünschten Funktionen richtig implementiert und keine unerwünschten Funktionen enthalten sind, sowie Aussagen über die Qualität und Zuverlässigkeit zu treffen.

In der Tabelle 10 sind die wesentlichen QS-Maßnahmen aufgeführt, die in der jeweiligen Entwicklungsphase angewendet werden können.

6 QS-Maßnahmen im Vorgehensmodell

Phase	QS-Maßnahmen
Analyse	Review der Spezifikation
	Traceability-Analyse
	Schnittstellen-Analyse
	Basis-Testplan für den Systemtest
	Dokumentation und Berichtswesen
Design	Design-Review
	Traceability-Analyse
	Schnittstellen-Analyse
	Basis-Testplan für den Integrationstest
	Basis-Testplan für den Modultest
	Dokumentation und Berichtswesen
Implementierung	Code-Review
	Traceability-Analyse
	Schnittstellen-Analyse
	Fertigstellung des Testplans für den Modultest
	Dokumentation und Berichtswesen
Modultest	Modultest durchführen
	Dokumentation und Berichtswesen
Integrationstest	Fertigstellung des Testplans für den Integrationstest
	Integrationstest ausführen
	Dokumentation und Berichtswesen
Systemtest	Fertigstellung des Testplans für den Systemtest
	Systemtest ausführen
	Dokumentation und Berichtswesen

(basierend auf [Wallace96, Daich94, Perry95])

Tabelle 10 : Haupt-QS-Maßnahmen in den Entwicklungsphasen

Die Planung von QS-Aktivitäten sollte möglichst in den frühen Entwicklungsphasen erfolgen. Dazu zählen neben einer Gesamtplanung der QS zum Projektbeginn, die Planung der Systemtests, der Integrationstests und der Modultests. Der System-Testplan wird parallel zur Spezifikation erstellt und im weiteren Projektverlauf aktualisiert bzw. mit Details versehen. Insbesondere beim Systemtest ist es wichtig, dass die Testfälle nicht durch den Entwickler selbst erstellt werden. Das Planen von Tests und Entwickeln von Testfällen führt zur kostengünstigen Erkennung von Fehlern in den Anforderungen.

Am Ende der Analyse-Phase erfolgt ein Review der Spezifikation. Hier wird jede Anforderung verifiziert und in einen Testplan übernommen. Gleichzeitig erfolgt eine Risikoanalyse, um kritische Komponenten zu ermitteln und den Testplan anzupassen. Gängige statische Analyse-Techniken zur Prüfung der Spezifikation nach Einhaltung von Konventionen (Dokumentvorlagen, Richtlinien, Checklisten usw.) auf Konsistenz und Vollständigkeit sind: Kontroll-Fluss-Analyse, Daten-Fluss-Analyse, Algorithmen-Analyse, Traceability-Analyse und Schnittstellen-Analyse. Zur Prüfung der Informationsflüsse, der Wechselbeziehung zwischen Funktionen und der Leistungs-Anforderungen werden dynamische Analyse-Techniken, wie die Simulation (Prüfung der Interaktion komplexer Systeme mit der Hardware, Mechanik, Benutzer oder anderen Komponenten) und Prototyping (Identifikation von unvollständigen oder fehlerhaften Anforderungen) eingesetzt. Wobei die formale Beschreibung von Anforderungen die Grundlage für Simulationen und automatische Verifikationen darstellt. Der damit verbundene Aufwand ist jedoch nicht bei jeder Produktentwicklung gerechtfertigt.

Die Prüfung des Entwurfs muss sicherstellen, dass Anforderungen nicht missverstanden, ausgelassen, unvollständig umgesetzt sind und nicht erwünschte Funktionalität eingebracht wurde. Gewöhnliche Design-Fehler stellen Einschränkungen bzgl. des Zeitverhaltens, der Datenstrukturen, des Speichers und der Genauigkeit dar. Diese Phase wird ebenfalls mit einem Review abgeschlossen. Besonders Änderungen, die die Spezifikation betreffen müssen ausführlich dokumentiert und umgesetzt werden. Als mögliche statische Analyse-Techniken sind hier die Algorithmen-Analyse, Daten-Analyse, Schnittstellen-Analyse und Traceability-Analyse zu nennen. Bei der Algorithmen-Analyse müssen neben der Richtigkeit (s. Analysephase) auch Abschneid- und Rundungseffekte, numerische Ungenauigkeiten und Datentyp-Einflüsse überprüft werden. Für die dynamische Analyse kommen die Simulation und das Prototyping zum Zuge. In diese Phase fällt auch der Vorentwurf von Plänen für den Integrations- und Modultest.

Zur Prüfung, ob die Implementierung gemäß den Entwurfsdokumenten umgesetzt wurde erfolgt ein Code-Review. Dies kann z. B. in Form von Inspektionen oder Walktroughs geschehen. Neben Schnittstellen und Datentypen wird die Einhaltung von Codierungs- und Dokumentationsrichtlinien überprüft. Wie in den vorhergehenden Phasen finden auch hier die Kontroll-Fluss-Analyse, Daten-Analyse, Schnittstellen-Analyse, Traceability-Analyse und Komplexitäts-Analyse Anwendung. Weiterhin wird der Testplan für den Modultest fertiggestellt.

Der Modultest überprüft die Logik, Berechnungen/Funktionalität und die Fehlerbehandlung der Module. Gewöhnlich erfolgt sie durch den Entwickler selbst. Dieser entwickelt Testdaten und Testtreiber, um den Testplan auszuführen. Die Ergebnisse werden analysiert und dokumentiert. Ziel des Integrationstests ist die Überprüfung der Schnittstellen und Interaktionen zwischen Modulen. Wenn vorhandene Module wiederverwendet und in das System integriert werden, sind auch diese einem Integrationstest zu unterziehen. Der Systemtest prüft, ob die Anforderungen erfüllt sind.

Welche QS-Maßnahmen insgesamt möglich sind, ist in der Tabelle 11 detailliert dargestellt.

QS-Maßnahme	Analyse	Design	Impl.	Modultest	Integrationstest	Systemtest
Algorithmen-Analyse	x	x	x	x		
Back-to-Back Testing				x	x	x
Grenzwert-Analyse				x	x	x
Code-Reading			x			
Kontrollfluss-Analyse	x	x	x			
Überdeckungs-Analyse				x	x	x
Datenfluss-Analyse	x	x	x			
Entscheidungstabellen	x		x			
Schreibtischtest		x	x			
Fehlereinspeisung				x	x	x
Ereignisbaumanalyse	x	x	x			
Zustandsmaschinen	x					
Funktionstest				x	x	x
Inspektion	x	x	x			

6 QS-Maßnahmen im Vorgehensmodell

QS-Maßnahme	Analyse	Design	Impl.	Modultest	Integrationstest	Systemtest
Schnittstellen-Analyse	x	x	x	x	x	x
Schnittstellen-Testen			x	x	x	x
Performanz-Testen				x	x	x
Petri-Netze		x	x			
Prototyping	x	x				
Regressionsanalyse u. -test	x	x	x	x	x	x
Requirements-*Parsing*	x					
Review	x	x	x	x	x	x
Simulation	x	x	x	x	x	x
Sizing and Timing Analysis		x	x	x	x	
Fehlerbaum-Analyse	x	x	x			
Stresstesten				x	x	x
Strukturtest				x		
Symbolisches Ausführen			x			
Walkthrough	x	x	x	x	x	x

(basierend auf [Wallace96] u. [Perry95])

Tabelle 11 : QS-Maßnahmen in den Entwicklungsphasen

6.3 Best Practises

Nachfolgend sind die bewährten Maßnahmen zur Qualitätssicherung der FUSIM-Projektpartner zusammengestellt:

- *QS-Abteilung* unterstützt im gesamten Entwicklungsprozess durch Moderation und Dokumentation. Dadurch wird sichergestellt, dass die Prozesse und Dokumente eine hohe Qualität haben.
- Bei sicherheits-kritischen Systemen sind die Tests– zumindest der Systemtest – durch eine *unabhängige Einheit* durchzuführen.
- *Anforderungen* werden aus Gründen des Aufwands und der Lesbarkeit in natürlicher Sprache ausgedrückt. Der Nachteil ist, dass dadurch Unklarheiten und Mehrdeutigkeiten entstehen können.
- Insbesondere für kritische Teilkomponenten möglichst grafische (formelle) Beschreibung von *Anforderungen* mit z. B. Sequenzdiagrammen, Ereignistabellen oder Zustandsautomaten.
- Die *Definition* und Einhaltung von Kriterien führt zu einer klareren Spezifikation.
- *Definition* aller notwendigen Begriffe als Grundlage für die interdisziplinäre Kommunikation.
- Da die Konstruktion der *Mechanik* einen wesentlichen Einfluss auf die Software besitzt, die Mechanik möglichst früh im Entwicklungsprozess detailliert festlegen, bzw. Maßnahmen treffen, die die mechanische Entwicklung von der Realisierung der Steuerung trennen.
- Das Verhalten der *Mechanik* frühzeitig simulieren.
- Falls ein Projekt zu groß bzw. es keine Möglichkeiten zur automatischen Generierung eines Prototyps gibt, nur ausgewählte Funktionen durch *Prototyping* untersuchen.

6 QS-Maßnahmen im Vorgehensmodell

- Wechselseitig erprobte *Mechanik* mit neuen SW-Funktionen und erprobte Software mit neuer Mechanik testen.
- *Änderungen* vollständig und konsistent über alle Dokumente hinweg dokumentieren.
- Zuordnung von Tests zu Anforderungen (*Test-Abdeckungsmatrix*).
- Systematische *Testfallermittlung* mit der Klassifikationsbaummethode für kritische Komponenten.
- *Testfallermittlung* basierend auf einer FMEA-Analyse.
- *Klassifikation der Testfälle* nach Prüfung der Eingänge, Geräteprogrammierfunktionen, Ausgänge, Anzeigeelemente und Fehlermeldungen
- Erstellung von (wiederverwendbaren) *Standardtestfunktionen*
- *Kritische Komponenten* frühzeitig und möglichst vollständig realisieren, testen und integrieren.
- Die Gerätefunktionen zunächst mit Normal- und Extremwerten und erst zum Abschluss mit Fehleingaben testen.
- Die Funktionen auf *gegenseitige Beeinflussung* untersuchen.
- *Messung der Laufzeiten* für den Normalbetrieb (Alarmerkennungszeit, Alarmreaktionszeit) und die Fehlerbearbeitung (Zykluszeit bei Fehlerbearbeitung, Alarmreaktionszeiten im Fehlerfall, Alarmerkennungszeit)
- Ausführlicher *Schnittstellen-Test*
- Ein systematischer und ausführlicher *Modultest* fällt in der Regel, aus Aufwandsgründen, mit dem *Integrationstest* zusammen.
- *Code-Review* nur bei kritischen Komponenten.
- Programmierrichtlinien, Design-Rule-Check, Code-Optimierungscheckliste

7 Bestandsaufnahme bei den Projektpartnern

7.1 Einleitung

Im Rahmen der Bestandsaufnahme wurden 9 Partnerunternehmen besucht. Obwohl sich die Unternehmen sowohl in ihrer Größe, als auch in ihrer Produktsparte stark unterscheiden, besteht eine Konsens über existierende Probleme und Lösungsansätze.

Folgende Abbildung zeigt die Mitarbeiterzahl in der Softwareentwicklung bei den Unternehmen. Auf der horizontalen Achse ist die Anzahl der Unternehmen angezeigt.

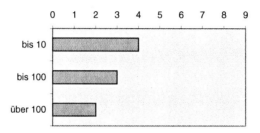

Abbildung 17: Mitarbeiterzahl in der SW-Entwicklung

7.2 Softwareprojekte

Bei der Art der entwickelten Software lassen sich zwei grundlegende Kategorien unterscheiden. Die meisten Unternehmen pflegen eine oder mehrere Basislinien (Kern-Software), die eine Grundlage der Software für Gerätereihen, Gerätefamilien oder mehrere ähnliche Geräte bildet. Bei vielen Unternehmen werden noch geräte- oder kundenbezogene Varianten und Anpassungen in Form von Einzelentwicklungen erzeugt.

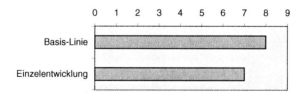

Abbildung 18: Art der Software

Den Softwarearten entsprechend gestaltet sich der Projektablauf. In Großprojekten wird Software für neue Basislinien, Gerätetypen und Gerätegenerationen entwickelt. Im Rahmen von Kleinprojekten werden Funktionserweiterungen, Funktionsvarianten oder kundenspezifische Anpassungen der Basis-Software vorgenommen. Individualsoftware wird in der Regel auch in Kleinprojekten entwickelt.

7 Bestandsaufnahme bei den Projektpartnern

Projektart	Entwickler	Laufzeit	Varianten
Großprojekt	3..10	1..3 Jahre	wenige
Kleinprojekt	1 (2)	Wochen, Monate	viele

Tabelle 12: Projektarten

Durch die Randbedingungen von eingebetteten Systemen hält sich die Größe der erstellten Software in gewissen Grenzen. Dementsprechend wird Software oft von einzelnen Mitarbeitern oder in kleinen Teams entwickelt. Selbst bei Großprojekten überschreitet die Teamgröße die Zahl von fünf bis 10 Softwareentwicklern nicht. In größeren Unternehmen mit mehreren Dutzend Softwareentwicklern wird in kleinen Teams an unterschiedlichen Projekten gearbeitet. Die Projektteams sind übersichtlich und deshalb wird vieles informell erledigt.

Zielsysteme sind meistens 8-, 16-bit Mikrokontroller oder PIC. Bei den meisten Unternehmen wird in C programmiert. Nur in zeitkritischen Fällen werden die betroffenen Softwareteile in Assembler implementiert.

7.3 Entwicklungsvorgehen

Im SW-Entwicklungsprozess aller Unternehmen können die Schritte des klassischen Wasserfallmodells bzw. V-Modells mehr oder weniger ausgeprägt wiedergefunden werden (Analyse, Design, Implementierung, Test, Abnahmetest).

Die Unternehmen streben das Vorgehen nach dem V-Modell an, wobei die heutige Vorgehensweise „linkslastig" ist, d.h. der Fokus in den konstruktiven Entwicklungsphasen liegt. Mehr Abweichung vom V-Modell ist also bei den Testphasen festzustellen. Die Unternehmen sehen Nachholbedarf in der systematischen Funktionssicherung.

Eingebettete Software wird – parallel zu der Geräteentwicklung – oft iterativ über mehrere Prototypen oder Zwischenstufen entwickelt. Funktionalität wird schrittweise in mehreren Entwicklungsstufen hinzugefügt und getestet. In einigen Fällen werden auch Zwischenversionen an ausgewählte Testkunden weitergegeben oder sogar ganz freigegeben. Das schrittweise Hinzufügen von Funktionalität macht das Testen leichter, weil sich die Fehlerquellen so auf die letzte Änderung einschränken lassen.

Dieses iterative Entwicklungsvorgehen läuft oft intuitiv und deshalb außerhalb des festen, linearen Phasenmodells. Das sog. Spiralmodell, das bei einem Unternehmen praktiziert wird, beschreibt die iterative Entwicklung und macht diese planbar und kontrollierbar. Beim Spiralmodell werden die Schritte des Wasserfall- oder V-Modells mehrmals der Reihe nach durchlaufen. Ein Abschnitt wird mit einem Meilenstein abgeschlossen. Am Ende eines Durchgangs entsteht die nächste Produktversion.

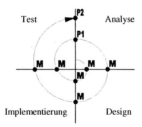

Abbildung 19: Das Spiralmodell

Die Ausprägung der einzelnen Schritte des Entwicklungsprozesses in den Unternehmen ist der Projektgröße angemessen. Bei kleineren Projekten, oder in kleineren Entwicklungsteams werden oft die Schritte Design und Analyse mit einfachen Mitteln, informell durchgeführt oder weggelassen.

Die erste Zeile des nachfolgenden Diagramms zeigt, dass bei den meisten Unternehmen die Ergebnisse der Analyse-, bzw. Designphase mindestens in Textform (Fließtext oder Stichwörter) dokumentiert sind. In der zweiten Zeile stehen die Unternehmen, die Analyse und Design werkzeugunterstützt durchführen.

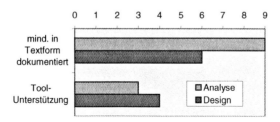

Abbildung 20: Dokumentation der Analyse- und Designergebnisse

Die folgende Abbildung zeigt die Verwendung von Qualitätssicherungsmaßnahmen in den konstruktiven Entwicklungsphasen. Die einzelnen Maßnahmen werden im Abschnitt „Best-Practices" beschrieben.

7 Bestandsaufnahme bei den Projektpartnern

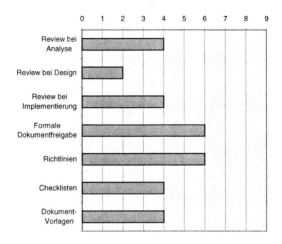

Abbildung 21: Qualitätssicherungsmaßnahmen (ohne Test)

7.4 Testprozess

Nach dem V-Modell lassen sich die Testphasen SW-Modultest, SW-Integrationstest, System-Integrationstest und Systemtest (Abnahmetest, Geräte-Typtest) definieren. Viele Unternehmen testen die Software nur im Produkt, auf dem Zielsystem. Damit entfallen die Schritte SW-Modultest, und SW-Integrationstest. Nur bei der Hälfte der Unternehmen wird ein getrennter SW-Test in irgendeiner Form ausgeführt. Oft werden hierbei nur Berechnungsfunktionen oder kritische Teile auf dem Host getestet.

Der wesentliche Teil des Softwaretests läuft im Rahmen des System-Integrationstests, meistens mit Hilfe eines In-Circuit-Emulators. Mit diesem Schritt wird die Entwicklung abgeschlossen. Der Systemtest wird bei einigen Unternehmen ebenso in der Entwicklung, bei anderen von der QS-Abteilung ausgeführt. Hier wird das Gesamtsystem in Betracht gezogen und auf softwarespezifische Aspekte wird selten eingegangen. Es bestehen wenig Verbindungen zwischen Testphasen und konstruktiven Phasen nach dem V-Modell.

Im Bezug auf das Testen gibt es unterschiedliche Möglichkeiten für Groß- und Kleinprojekte, die sich hinsichtlich des verfügbaren Kosten- und Zeitrahmens unterscheiden:

- Bei Großprojekten lohnt sich die Investition Testvorgaben zu spezifizieren und die vorgeschriebenen Tests automatisiert auszuführen. Die Testspezifikation, die Testcases und die Umgebung zur automatischen Ausführung können bei Variationen und Weiterentwicklungen wiederverwendet werden.

- Bei kleinen Projekten rentiert es sich trotz angepasstem Phasenplan etwas mehr Aufwand in die frühen Entwicklungsphasen zu stecken. Durchdachte und dokumentierte Analyse und Spezifikation helfen nicht nur in den konstruktiven Phasen, sondern tragen zu einem zielge-

7 Bestandsaufnahme bei den Projektpartnern

richteten und effektiven Testen bei. Tests werden hier manuell ausgeführt, weil die Änderung und Anpassung einer automatisierten Testumgebung zu aufwendig wäre. Die nachfolgenden Diagramme zeigen Merkmale des Testprozesses bei den untersuchten Unternehmen.

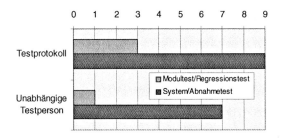

Abbildung 22: Testprozess-Merkmale I

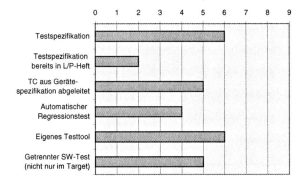

Abbildung 23: Testprozess-Merkmale II

7 Bestandsaufnahme bei den Projektpartnern

7.5 Bewertung von Testwerkzeugen aus industrieller Sicht

Projektpartner wurden gebeten, entsprechend dem Bewertungsschema aus Kapitel 4.1.3 ihre Erfahrungen über Testwerkzeuge in der industriellen Praxis zu dokumentieren. Nachfolgend sind die Ergebnisse von drei Rückläufen zu finden.

7.5.1 Unternehmen 1

I. **Allgemeine Bewertung**

Unternehmen:

Name des Unternehmens: .... Email:	
Name des Bearbeiters: .... Telefon:	

Testwerkzeug:

Testwerkzeugname: .
Herstellername: **Eigenentwicklung** Betriebssystem: **Windows NT**

Allgemeine Bewertung:

Produktgesamteindruck :	gut	mittelmäßig	mangelhaft
Unterstützung durch den Hersteller:	gut	mittelmäßig	mangelhaft
Würden Sie andere Testwerkzeuge bevorzugen?		ja	nein
wenn ja welche?...			

Stärken des Produkts: **Alle Funktionen des Testobjekts können verifiziert werden – Modulares Aufbaukonzept**

Schwächen des Produkts: **Nicht Echtzeitfähig, min. Reaktionszeit= 2,8 ms**

Ratschläge für mögliche zukünftige Benutzer dieses Produkts:

II. Detaillierte Bewertung

Aspekt	Bewertungskriterium	vorhanden ja	vorhanden nein	Bewertung gut	Bewertung schlecht
allgemeine Anforderungen an Tools	Mehrbenutzer-Unterstützung	x		x	
	Intuitive Benutzeroberfläche	x		x	
	Übereinstimmung mit vorhandener Entwicklungsumgebung	x		x	
	Skalierbarkeit	x		x	
	Flexibilität bei Integration anderer Software-Entwicklungs-Tools		x		x
allgemeine Anforderungen an Test-Tools	Einfache Installation		x		x
	Konfigurations-Management	x		x	
	Dokumentation	x		x	
	Reproduzierbarkeit/Wiederholbarkeit	x		x	
	Wiederverwendbarkeit	x		x	
Anforderungen für Test-Management-Tools	Verwalten der Testprozess-Anforderungen		x		
	Verknüpfen von Test-Sequenzen mit System-Spezifikation		x		
	Verwalten der Test-Dokumente, Test-Daten, Test-Ergebnisse	x			
	Planung des Test-Prozesses mit graphischer Darstellung		x		
	Verknüpfen/ Speichern von Funktionen und Anfangs-Bedingungen	x			
	Priorisierung des Tests (Zuweisung von Risikofaktoren ...)		x		
	Definition eines Testplans		x		
	Generierung von Statusberichten (mit grafischer Darstellung)		x		
	Zuordnung/Dokumentation von entdeckten Fehlern zur Testperson		x		
Testdaten-Generierung	Generierung von Testdaten für Normal- und Extremwerte		x		
	Importieren von existierenden Testdaten	x			
	Veränderung und Anpassung der Testdaten	x			
	Aktualisierung der Testdaten bei Änderungen	x			
	Aufbereiten der Testdaten für die Testausführung	x			
Dynamisches Testen	*Dynamische Analyse:* Daten/Datenfluss-Analyse			x	
	Kontrollfluss-Analyse und –Berichte			x	
	Funktionsaufrufbericht			x	
	Zeitanalyse			x	
	White-Box-Tests: Programm-Abdeckung			x	
	Automatische Testwiederholung			x	
	Testunterstützung für strukturierte und objektorientierte Programmiersprachen			x	
	Black-Box-Tests: Datenprüfung			x	
	Funktionsprüfung			x	
	Automatische Testwiederholung			x	
	Performanz-Messung und –Analyse			x	
	Entwicklungsumgebung für Generierung/Anpassung von Testfällen		x		
	Automatische Aufzeichnung von Testfällen		x		
Statisches Testen	Kontroll-Fluss-Graph				x
	Funktionsaufrufdiagramme				x

Statistiken und Metriken *(falls vorhanden, bitte eintragen)* :	
Anzahl Kommentare	Anzahl möglicher Pfade
Anzahl Anweisungen	Maximale/Minimale Pfadlänge
Anzahl Programmzweige	Anzahl Pfade mit direkten/indirekten rekursiven Aufrufen
Anzahl Vor- und Rücksprünge	
Maximale Sprungdistanz	Anzahl unterschiedlicher Endzustände
McCabe-Komplexität	Durchschnittlicher Anzahl von Pfaden pro Endzustand
Anzahl Operationen	
Anzahl Aufrufe	Gesamtzahl an Funktionen pro Modul
Anzahl direkter/indirekter Rekursionsaufrufe	

7 Bestandsaufnahme bei den Projektpartnern

7.5.2 Unternehmen 2

I. Allgemeine Bewertung

Unternehmen:

Name des Unternehmens: .... Email:	
Name des Bearbeiters: .... Telefon:	

Testwerkzeug:

Testwerkzeugname: . **LabWindows / CVI**			
Herstellername: **National Instruments**	Betriebssystem:	**Windows 9x / NT**	

Allgemeine Bewertung:

Produktgesamteindruck :	gut	mittelmäßig	mangelhaft
Unterstützung durch den Hersteller:	gut	mittelmäßig	mangelhaft
Würden Sie andere Testwerkzeuge bevorzugen?		ja	nein
wenn ja welche?..			

Stärken des Produkts:
- **gute mathematische/statistische u. messtechnische Bibliotheksfunktionen**
- **einfache C-Entwicklungsumgebung mit GUI-Unterstützung**
- **Treiber für Meßgeräte verschiedener Hersteller**
- **Unterstützung vieler Schnittstellen (IEEE 488, seriell, parallel, TCP/IP, ActiveX, SQL, ..)**

Schwächen des Produkts: **keine ActiveX-Container**

Ratschläge für mögliche zukünftige Benutzer dieses Produkts:
- **Einarbeitungszeit max. ca. 3 Tage**
- **Textbasierte Ausgabe von LabView**

7 Bestandsaufnahme bei den Projektpartnern

II. Detaillierte Bewertung

Aspekt	Bewertungskriterium	vorhanden ja	vorhanden nein	Bewertung gut	Bewertung schlecht
allgemeine Anforderungen an Tools	Mehrbenutzer-Unterstützung	x		x	
	Intuitive Benutzeroberfläche	x		x	
	Übereinstimmung mit vorhandener Entwicklungsumgebung			x	
	Skalierbarkeit	x		x	
	Flexibilität bei Integration anderer Software-Entwicklungs-Tools	x		x	
allgemeine Anforderungen an Test-Tools	Einfache Installation				
	Konfigurations-Management				
	Dokumentation				
	Reproduzierbarkeit/Wiederholbarkeit				
	Wiederverwendbarkeit				
Anforderungen für Test-Management-Tools	Verwalten der Testprozess-Anforderungen				
	Verknüpfen von Test-Sequenzen mit System-Spezifikation				
	Verwalten der Test-Dokumente, Test-Daten, Test-Ergebnisse				
	Planung des Test-Prozesses mit graphischer Darstellung				
	Verknüpfen/ Speichern von Funktionen und Anfangs-Bedingungen				
	Priorisierung des Tests (Zuweisung von Risikofaktoren ...)				
	Definition eines Testplans				
	Generierung von Statusberichten (mit grafischer Darstellung)				
	Zuordnung/Dokumentation von entdeckten Fehlern zur Testperson				
Testdaten-Generierung	Generierung von Testdaten für Normal- und Extremwerte				
	Importieren von existierenden Testdaten				
	Veränderung und Anpassung der Testdaten				
	Aktualisierung der Testdaten bei Änderungen				
	Aufbereiten der Testdaten für die Testausführung				
Dynamisches Testen	*Dynamische Analyse:* Daten/Datenfluss-Analyse				
	Kontrollfluss-Analyse und –Berichte				
	Funktionsaufrufbericht				
	Zeitanalyse				
	White-Box-Tests: Programm-Abdeckung				
	Automatische Testwiederholung				
	Testunterstützung für strukturierte und objektorientierte Programmiersprachen				
	Black-Box-Tests: Datenprüfung				
	Funktionsprüfung				
	Automatische Testwiederholung				
	Performanz-Messung und –Analyse				
	Entwicklungsumgebung für Generierung/Anpassung von Testfällen				
	Automatische Aufzeichnung von Testfällen				
Statisches Testen	Kontroll-Fluss-Graph				
	Funktionsaufrufdiagramme				
	Statistiken und Metriken *(falls vorhanden, bitte eintragen)* :				
	Anzahl Kommentare / Anzahl möglicher Pfade				
	Anzahl Anweisungen / Maximale/Minimale Pfadlänge				
	Anzahl Programmzweige / Anzahl Pfade mit direkten/indirekten rekursiven Aufrufen				
	Anzahl Vor- und Rücksprünge				
	Maximale Sprungdistanz / Anzahl unterschiedlicher Endzustände				
	McCabe-Komplexität / Durchschnittlicher Anzahl von Pfaden pro Endzustand				
	Anzahl Operationen				
	Anzahl Aufrufe / Gesamtzahl an Funktionen pro Modul				
	Anzahl direkter/indirekter Rekursionsaufrufe				

© 2001, itm

7 Bestandsaufnahme bei den Projektpartnern

7.5.3 Unternehmen 3

I. Allgemeine Bewertung

Unternehmen:

Name des Unternehmens:	....	Email:	....
Name des Bearbeiters:	....	Telefon:	....

Testwerkzeug:

Testwerkzeugname: . **CANalyser Professional**
Herstellername: **Vector**   Betriebssystem: **Windows 9x / NT**

Allgemeine Bewertung:

Produktgesamteindruck :	gut	mittelmäßig	mangelhaft
Unterstützung durch den Hersteller:	gut	mittelmäßig	mangelhaft
Würden Sie andere Testwerkzeuge bevorzugen?		ja	nein
wenn ja welche?..................................			

Stärken des Produkts:
- **CAN-Bereic; Simulationsmöglichkeiten; Stimuli**
- **CAPL-Programmiersprache zur Generierung von Testmustern**

Schwächen des Produkts: **keine Schnittstellen zum Emulator – nur Black-Box-Test möglich – White-Box-Test nur mit internen Hilfsstrukturen möglich – Echtzeitfähigkeit? – Grundsätzliches Problem: setzt auf CAN-Controller der Controller auf.**

Ratschläge für mögliche zukünftige Benutzer dieses Produkts:
- **Frühzeitig an Testfälle denken, um die Möglichkeiten des CAPL (nur in Professional Variante erhältlich) nutzen zu können.**

II. Detaillierte Bewertung

Aspekt	Bewertungskriterium	vorhanden ja	vorhanden nein	Bewertung gut	Bewertung schlecht
allgemeine Anforderungen an Tools	Mehrbenutzer-Unterstützung	(x)			
	Intuitive Benutzeroberfläche	x			x
	Übereinstimmung mit vorhandener Entwicklungsumgebung		x		
	Skalierbarkeit	x			x
	Flexibilität bei Integration anderer Software-Entwicklungs-Tools		x		
allgemeine Anforderungen an Test-Tools	Einfache Installation	x			x
	Konfigurations-Management		x		
	Dokumentation		x		
	Reproduzierbarkeit/Wiederholbarkeit	x			x
	Wiederverwendbarkeit	x			x
Anforderungen für Test-Management-Tools	Verwalten der Testprozess-Anforderungen		x		
	Verknüpfen von Test-Sequenzen mit System-Spezifikation		x		
	Verwalten der Test-Dokumente, Test-Daten, Test-Ergebnisse		x		
	Planung des Test-Prozesses mit graphischer Darstellung	(x)			
	Verknüpfen/ Speichern von Funktionen und Anfangs-Bedingungen		x		
	Priorisierung des Tests (Zuweisung von Risikofaktoren ...)		x		
	Definition eines Testplans		x		
	Generierung von Statusberichten (mit grafischer Darstellung)		x		
	Zuordnung/Dokumentation von entdeckten Fehlern zur Testperson		x		
Testdaten-Generierung	Generierung von Testdaten für Normal- und Extremwerte	x		x	
	Importieren von existierenden Testdaten	(x)			
	Veränderung und Anpassung der Testdaten	x		x	
	Aktualisierung der Testdaten bei Änderungen	(x)			
	Aufbereiten der Testdaten für die Testausführung	(x)			x
Dynamisches Testen	*Dynamische Analyse:* Daten/Datenfluss-Analyse			x	
	Kontrollfluss-Analyse und –Berichte			x	
	Funktionsaufrufbericht			x	
	Zeitanalyse			x	
	White-Box-Tests: Programm-Abdeckung			x	
	Automatische Testwiederholung			x	
	Testunterstützung für strukturierte und objektorientierte Programmiersprachen			x	
	Black-Box-Tests: Datenprüfung			x	
	Funktionsprüfung			x	
	Automatische Testwiederholung			x	
	Performanz-Messung und –Analyse	(x)			
	Entwicklungsumgebung für Generierung/Anpassung von Testfällen			x	
	Automatische Aufzeichnung von Testfällen			x	
Statisches Testen	Kontroll-Fluss-Graph			x	
	Funktionsaufrufdiagramme			x	
	Statistiken und Metriken *(falls vorhanden, bitte eintragen)* :				
	Anzahl Kommentare	Anzahl möglicher Pfade			
	Anzahl Anweisungen	Maximale/Minimale Pfadlänge			
	Anzahl Programmzweige	Anzahl Pfade mit direkten/indirekten rekursiven Aufrufen			
	Anzahl Vor- und Rücksprünge				
	Maximale Sprungdistanz	Anzahl unterschiedlicher Endzustände			
	McCabe-Komplexität	Durchschnittlicher Anzahl von Pfaden pro Endzustand			
	Anzahl Operationen				
	Anzahl Aufrufe	Gesamtzahl an Funktionen pro Modul			
	Anzahl direkter/indirekter Rekursionsaufrufe				

7 Bestandsaufnahme bei den Projektpartnern

7.6 Anforderungen an eine entwicklungsbegleitende Testumgebung

Neben der Bewertung von Testwerkzeugen (s. Kapitel 7.7) haben die Unternehmen ihre Anforderungen für eine Testumgebung definiert. Nachfolgend sind die Ergebnisse von vier Rückläufen zu dokumentieren.

7.6.1 Unternehmen 1

1. Angaben zum Unternehmen

Name des Unternehmens:	Email: ....
Name des Bearbeiters:	Telefon: ....

Produktpalette:

   Kurzbeschreibung des Produkts: **Antriebstechnik: Frequenzumrichter, Servoumrichter,**

   Merkmale aus Sicht des Testens:

2. Schnittstellen

a) Hardwareschnittstellen

> *zum Testobjekt:* **Spannungsversorgung L1, L2, L3, Motorphasen U, V, W**
> **Analoge und digitale Ein- und Ausgänge**
> **Leitfrequenz Ein- und Ausgänge**
> **Encoder/Inkrementalgeber-EA**
>
> *zu anderen Tools:* ...

b) Softwareschnittstellen

> *zum Testobjekt:* **PROFIBUS; INTERBUS; CAN; IEEE**
>
> *zu anderen Tools:*...

3. Benutzerkonzept/-oberfläche

> **Windows-Oberfläche für die Testfallerstellung und Testdurchführung**

4. Produktfunktionen

Allgemeine Anforderungen (Skalierbarkeit, Konfigurationsmanagement, Flexibilität usw.)

> • **Die Grundfunktionalität muss modular und vollständig automatisch testbar sein.**

7 Bestandsaufnahme bei den Projektpartnern

> - Testsequenzen zu einer Funktion müssen in einer Prüfdatei abgespeichert werden. Mehrere Prüfdateien müssen zu einem Komplettest zusammengeführt werden.

Anforderungen an das *Testmanagement* (Testverwaltung, -priorisierung, Verknüpfen von Funktionen usw.)

> - Die Teilergebnisse müssen mit einem Tool ausgewertet werden
> - Die Teilergebnisse müssen archiviert werden
> - Aufgetretene Fehler müssen in einer Mängeldatenbank verwaltet werden

Anforderungen an die *Testbeschreibung* (Testdaten importieren, verändern, anpassen, aufbereiten usw.)

> - Das Erstellungstool für die Testfallerstellung muss die Funktionen eines modernen Editors besitzen

Anforderungen an *dynamisches und statisches* Testen

>

Anforderungen an die *Testdokumentation*

> - Die Testdokumentation sollte formalisiert und möglichst automatisch generiert werden

7.6.2 Unternehmen 2

1. Angaben zum Unternehmen

> Name des Unternehmens: .... Email: ....
> Name des Bearbeiters: .... Telefon: ....
>
> *Produktpalette:*
>
> Kurzbeschreibung des Produkts:
> - Steuerung für Bogenoffset-Druckmaschinen: bis zu ca. 1100 digitale I/O, mehrere 100 Antriebe (drehzahlgeregelt, lagegeregelt) von 2 W bis >100 KW.
>
> Merkmale aus Sicht des Testens:
> - proprietäre Hardware; Echzeit-Anforderungen; sehr viele Varianten

2. Schnittstellen

a) Hardwareschnittstellen

> *zum Testobjekt:* serielle Schnittstelle, Ethernet
>
> *zu anderen Tools:* IEEE-488

b) Softwareschnittstellen

7 Bestandsaufnahme bei den Projektpartnern

zum Testobjekt: TCP/IP; Dateien für Parametrierung und für Ergebnisdaten
zu anderen Tools SQL-Datenbankunterstützung – Client-Server-Kommunikation

3. Benutzerkonzept/-oberfläche

• selbsterklärende Benutzerführung; evtl. verschiedene Benutzerlevels (Test-Entwickler, Prüfer, ...)
• Darstellung des Testfortschritts (Status, Zwischenergebnisse, usw.)
• Benutzereingriff in den Testablauf

4. Produktfunktionen

Allgemeine Anforderungen (Skalierbarkeit, Konfigurationsmanagement, Flexibilität usw.)

• Unterstützung von zahlreichen Varianten
• Unterstützung des Prüflings als Simulationsversion (lauffähig unter Windows NT) und auf der Orginal-Zielhardware (proprietär)
• Bildung von Testsequenzen mit bedingten Verzweigungen
• Zuordnung von Testsequenzen zu bestimmten Varianten des Prüflings
• Parametrierbarkeit von Tests

Anforderungen an das *Testmanagement* (Testverwaltung, -priorisierung, Verknüpfen von Funktionen usw.)

• wiederholtes, automatisches Testen mit jeweils unterschiedlichen Varianten des Prüflings
• Jederzeitige Reproduzierbarkeit eines Tests

Anforderungen an die *Testbeschreibung* (Testdaten importieren, verändern, anpassen, aufbereiten usw.)

• Erfassung aller für den Test erforderlichen Daten: Versionen der Test-Software, Testumgebung, Prüfling, alle Testergebnisse

Anforderungen an *dynamisches und statisches* Testen

Anforderungen an die *Testdokumentation*

• automatische Generierung der Testdokumentation aus den Testdaten, die in der Testumgebung erfasst werden
• automatische Generierung der Testberichte aus den Testergebnissen

7.6.3 Unternehmen 3

1. Angaben zum Unternehmen

Name des Unternehmens:	Email: ....
Name des Bearbeiters:	Telefon: ....

Produktpalette:

Kurzbeschreibung des Produkts: **Stellantriebssteuerungen**

Merkmale aus Sicht des Testens:
- **viele verschiedene Funktionsmodi**
- **viele Konfigurationsmöglichkeiten/Parameter**
- **Anpassungen des Testwerkzeugs notwendig**

2. Schnittstellen

a) Hardwareschnittstellen

zum Testobjekt: **RS232, CAN, digitale I/O, Analoge I/O, PROFIBUS-DP** (evtl. auch andere Feldbusse)
zu anderen Tools:
- evtl. Datenerfassungsmöglichkeiten via I/Os
- evtl. Schnittstelle zum Oszilloskop/Emulator
- evtl. Schnittstelle zu Nebenbaugruppen des Testobjekts

b) Softwareschnittstellen

zum Testobjekt:
- **Betriebssystem (PxROS)**
- **Wunsch:** Eingreifen an vordefinierten Stimulationsschnittstellen (Problem: Schnittstellendefinitionen <-> Anforderungen)

zu anderen Tools:
- Symboldateien; Trace-Dateien von Emulatoren, Scriptdateien für Emulatoren, Batchfähigkeit, Objektdateien

3. Benutzerkonzept/-oberfläche

Einfach und Intuitiv (Cut+Paste, Edit) – Verwaltungsfunktionen – Fenstertechniken

4. Produktfunktionen

Allgemeine Anforderungen (Skalierbarkeit, Konfigurationsmanagement, Flexibilität usw.)

- **Anpassbarkeit auf unterschiedliche Gerätekonfigurationen (sehr wichtig)** mit unterschiedl. Parametrierung.
- Verwaltung (Cut+Paste, Edit) der einzelnen Konfigurationen (evtl. auf Funktionsebene)
- Integration/Flexibilität mit Codewright, PxROS, Hitex, ...)

Anforderungen an das *Testmanagement* (Testverwaltung, -priorisierung, Verknüpfen von Funktionen usw.)

- Einfache Archivierung, Edit +Verknüpfung von Tests

7 Bestandsaufnahme bei den Projektpartnern

- Bewerten von Testergebnissen

Anforderungen an die *Testbeschreibung* (Testdaten importieren, verändern, anpassen, aufbereiten usw.)
- Beschreibung von Testmustern; einfache Verwaltung dieser Tests
- Verknüpfung von Testmustern zu Testszenarios (Verwaltungshilfe ist notwendig; evtl. sogar eine Suchmaschine)

Anforderungen an *dynamisches und statisches* Testen
- Funktionsaufrufe mit Normal- und Extremwerten, Zeitanalysen (Code-Coverage, Pfadabdeckung)
- Statische Testauswertung ist vermutlich wenig relevant

Anforderungen an die *Testdokumentation*
- Dokumentationsmöglichkeiten aller Randbedingungen (aktuelle Konfiguration von Gerät u. Testwerkzeug, Parameter, Daten, Testperson, Kommentare, Ergebnisse, Protokolle, Versionsstand der Software, ...)

7.6.4 Unternehmen 4

1. Angaben zum Unternehmen

Name des Unternehmens: .... Email: ....
Name des Bearbeiters: .... Telefon: ....

Produktpalette:

Kurzbeschreibung des Produkts: **Feldbusgeräte**

Merkmale aus Sicht des Testens:

2. Schnittstellen

a) Hardwareschnittstellen

zum Testobjekt: **Ein-/Ausgänge; digital verschiedene Spannungen, Analog, V.24, IEEE-Geräte**

zu anderen Tools: **Signalgeneratoren**

b) Softwareschnittstellen

zum Testobjekt: **offen, um eigene Treiber-Protokolle einbinden zu können**

zu anderen Tools: **Fehlerdatenbank**

3. Benutzerkonzept/-oberfläche

- Aufzeichnung von manuellen Tests, um diese wiederholen zu können

- Auswahl von einzelnen Testsequenzen aus Gesamttestabläufen
- „Debug"-Funktion zu Fehlersuche

4. Produktfunktionen

Allgemeine Anforderungen (Skalierbarkeit, Konfigurationsmanagement, Flexibilität usw.)
- Bedingte Testdurchführung nach Besonderheiten des Prüflings

Anforderungen an das *Testmanagement* (Testverwaltung, -priorisierung, Verknüpfen von Funktionen usw.)

Anforderungen an die *Testbeschreibung* (Testdaten importieren, verändern, anpassen, aufbereiten usw.)

Anforderungen an *dynamisches und statisches* Testen

Anforderungen an die *Testdokumentation*
- Selbsteinstellbare Dokumentationstiefe von „Schritt"-kommando-Genauigkeit bis kein Protokoll in Schleifen

7.7 Best-Practices

Mit der Zusammenstellung von Best-Practices möchten wir anhand der Firmenbesuche die praxisbewährten QS-Maßnahmen auflisten, die speziell für KMUs und für eingebettete Software gelten. Bei der Einführung von Methoden und Techniken muß ein Gleichgewicht gefunden werden zwischen Freiraum, Kreativität, Erfahrung und Eigenverantwortung der einzelnen Entwickler, die eine Stärke der KMU darstellen, und zwischen Vorgaben und Vorschriften. Die Methoden und Techniken sollen möglichst wenig Aufwand sowohl bei der Einrichtung und Einarbeitung, als auch bei der Ausführung verursachen.

Review

Reviews werden in den Phasen Analyse, Design und Implementierung durchgeführt. Dabei werden die Ergebnisse einer Entwicklungsphase betrachtet und in einer Gruppe diskutiert. So sind Reviews oft mit einer phasenabschließenden formalen Dokumentenfreigabe durch das Projektteam oder den Projektleiter verknüpft. Vorteil des Mehr-Augen-Prinzips: mehr Augen sehen mehr, weitere Leute bringen andere Sichten mit sich. Reviews stellen einfache und effektive Mittel zur frühzeitigen Fehlererkennung dar.

7 Bestandsaufnahme bei den Projektpartnern

In den früheren Entwicklungsphasen gewinnen Reviews eine größere Bedeutung, weil Analyse- und Designergebnisse in den wenigsten Fällen in ausführbarer (testbarer) Form vorliegen. Mit einem Code-Review nach der Implementierung können viele triviale Fehler (Initialisierungsfehler, Grenzwertüberschreitung, fehlende Zweige, usw.) gefunden werden. Somit lässt sich der Debugging-Aufwand in der Testphase reduzieren. Code-Reviews können noch die Know-How-Sicherung innerhalb des Unternehmens verbessern: z.b. wenn ein Entwickler ausfällt, gibt es in einem Problemfall einen weiteren Mitarbeiter, der sich mit dem Code etwas auskennt. Wenn ein komplettes Code-Review zu aufwendig wäre, können nur wichtige oder kritische Teilbereiche betrachtet werden.

Bei zwei von den besuchten Unternehmen werden Reviews in allen drei Phasen (Analyse, Design, Implementierung) durchgeführt. Bei diesen Firmen sind die Reviews auch mit einer formalen Dokumentenfreigabe verknüpft.

Richtlinien

Richtlinien enthalten Vorschriften über verschiedene Aspekte des Inhalts von Entwicklungsergebnissen. Am häufigsten werden Programmierrichtlinien für die Implementierung vorgegeben. Diese können verschiedene Bereiche regeln, wie:

- Namensgebung
- Styleguide
- Kommentare
- Empfohlene / zu vermeidende Sprachkonstrukte
- Optimierungen

Weiterhin können Design-Guidelines, Vorschriften zur Schnittstellendefinition o. ä. vorgegeben werden. Richtlinien sorgen für Einheitlichkeit in den Entwicklungsergebnissen und tragen somit positiv zu deren Wiederverwendbarkeit und Wartbarkeit bei. Dokumente, wie Optimierungsrichtlinien oder Design-Guides unterstützen die Know-How-Sicherung.

Checklisten

Checklisten stellen ein einfaches, flexibles Mittel zur Informationssicherung dar. In einer kompakten und übersichtlichen Form können sowohl Vorgehensanweisungen, als auch die zugehörige Daten zusammengefaßt werden. Checklisten sind aufwandsarm zu erstellen, zu pflegen und zu benutzen. Dadurch stellen sie eine Möglichkeit dar, mit wenig Aufwand eine Qualitätsverbesserung zu erreichen.

Dokument-Vorlagen

Für verschiedene Dokumenttypen können Vorlagen erzeugt werden. Vorlagen dienen zur Einheitlichkeit und führen zu Zeitersparnis und höherer Qualität bei der Erzeugung von Dokumenten, wie z.B.:

- Analyse- und Designdokumente

- Lasten-/Pflichtenheft
- Spezifikation
- Programmdatei
- Testspezifikation
- Testprotokoll

Checklisten und Dokument-Vorlagen können auch kombiniert werden: der Entwicklungsprozess kann in einer hierarchischen Form durch Checklisten und Dokument-Vorlagen beschrieben werden. Sie eignen sich gut für die Know-How-Sicherung innerhalb des Unternehmens, weil die verschiedensten Informationen, Daten und Vorgehensweisen einfach und verständlich beschrieben werden können. Die Sammlung kann schrittweise aufgebaut werden, indem laufend neue Dokumente hinzugenommen, bzw. bestehende Dokumente ergänzt werden.

Testfälle

Testfälle (Testcases) bilden die Grundlage von Tests. Bei dem Großteil der Unternehmen werden die auszuführenden Testfälle in Form einer Testspezifikation oder Testanweisung beschrieben, wobei dies in erster Linie für den Systemtest erfolgt. Der Softwaretest (in der Regel in Form des System-Integrationstests) wird eher intuitiv und ad hoc ausgeführt.

Testfälle werden Großteils auf Grund der Erfahrung der Entwickler erstellt. Bei der Hälfte der besuchten Unternehmen wird die Gerätespezifikation zur Hand genommen, um daraus gezielt Testcases abzuleiten, und die spezifizierte Funktionalität abzuprüfen. Dies ist eher bei einer größeren Produkt-Variantenvielfalt der Fall, wo beim Testen öfters Neuland betreten wird. Bei weniger Varianten entsteht schnell eine bewährte Testfallmenge, die wiederverwendet werden kann.

Bei wenigen Unternehmen werden Überlegungen über das Testen in der Spezifikationsphase gemacht. In diesem Fall wird eine Art Testspezifikation bereits in das Lasten- bzw. Pflichtenheft aufgenommen. Aus Aufwandsgründen wird dies nur bei größeren Entwicklungsprojekten praktiziert. Es würde sich aber lohnen, den Aufwand einer frühzeitigen Testspezifikation auch bei kleineren Projekten auf sich zu nehmen, weil es hilft Fehler in den früheren Phasen zu entdecken und den Testaufwand zu reduzieren.

Testpersonal

Softwaretests (Modultests) werden fast ausschließlich durch die Entwickler der Software durchgeführt. In seltenen Fällen wird eine getrennte Testperson eingesetzt. Obwohl es mit etwas mehr Personalaufwand verbunden ist, hat die Trennung der Entwicklung und des Testens gewisse Vorteile. Ein unabhängiger Tester bringt eine andere Sichtweise mit sich. Der Entwickler testet seine Software nach dem gleichen Problemverständnis, das er beim Programmieren hatte. Dagegen kann sich die Testperson voll der Aufgabe des Testens widmen. Somit gibt es mehr Möglichkeiten für die schrittweise Verbesserung der Testumgebung. Vor allem bei Regressionstests zeigt sich die Trennung als sehr sinnvoll. Nachteilig ist, dass auch der Tester sich in das Problemfeld und in die zu testende Software einarbeiten muss. In Fehlerfällen und bei Fehlerkorrekturen besteht Kommunikations- und Abstimmungsaufwand zwischen Entwickler und Tester.

Falls eine hohe Wiederverwendung von getesteten Softwaremodulen angestrebt ist, erfolgt der Modultest oft durch einen unabhängigen Tester. Dies trifft bei langfristigen, großen Entwicklungsprojekten, bei der Entwicklung von Produktfamilien und Produktlinien zu. Testpersonen können sich langfristig in die Thematik einarbeiten, eine zielgerichtete Testumgebung aufbauen und betreiben.

Durch eine Zwischenlösung – die in einem Unternehmen bei größeren Projekten praktiziert wird – kann in einem Entwicklungsteam das Entwickeln und Testen parallelisiert werden. Am Anfang entwickeln alle Teammitglieder. Wenn eine testbare Menge erzeugt wurde, fängt ein Mitarbeiter mit dem Testen an, die anderen entwickeln weiter. Mit der Zeit steigen immer mehr Entwickler in das Testen ein, und nur Wenige beschäftigen sich mit der Weiterentwicklung.

Bei den meisten Unternehmen wird der Systemtest (Abnahmetest, Typtest) durch getrennte Personen, oder sogar in anderen Abteilungen durchgeführt. Hierbei handelt es sich um einen Black-Box-Test des Gesamtsystems, es wird kein Verständnis über die Softwarelösung benötigt.

Testausführung

Bei der Hälfte der Unternehmen werden Regressionstests per Hand ausgeführt. Es ist in vielen Fällen den Entwicklern überlassen, was erneut getestet wird. Oft werden aus Zeit- oder Aufwandsgründen gewisse Tests weggelassen, was zu unentdeckten Fehlern führen kann. Jedes Unternehmen, bei dem automatische Regressionstests eingeführt wurden, hat über positive Erfahrungen berichtet.

Das automatisierte Testen ist im Systemtestbereich viel mehr verbreitet. Prüfstände werden in der Entwicklung oder von der QS-Abteilung aufgebaut. Beim Großteil der Unternehmen werden eigene Testwerkzeuge eingesetzt, die speziell für die eigenen Testziele zugeschnitten sind.

Testprotokoll

Systemtests werden bei allen Unternehmen in protokolliert und archiviert. Über Software-Modultests und Regressionstests wird dagegen nur bei wenigen Firmen Protokoll geführt. Vor allem bei wiederholten Regressionstests, Testen von nachfolgenden Geräteversionen oder Testen von ähnlichen Geräten können archivierte Testprotokolle von großer Hilfe sein.

7.8 Problemfelder

Folgende Problemfelder wurden von den Unternehmen identifiziert:

- Der Entwicklungsprozess ist nicht SW-Orientiert.
- Die Entwicklungsvorgehensweise soll besser dokumentiert werden.
- Entwickler-Erfahrung soll dokumentiert werden (Know-How-Sicherung).
- Test-Erfahrungen, typische Fehler, Fehlerquellen sollen dokumentiert werden können.
- Modultest wird nicht oder nicht systematisch durchgeführt.

- Was soll nach Änderungen getestet werden?
- Die Möglichkeit des wiederholbaren, automatischen Testens (Regressionstests) fehlt.
- Anforderungsdefinition soll besser erfasst werden, ein Bezug zum Test soll hergestellt werden können.
- Von Implementierung zu Spezifikation soll eine Verknüpfung oder Rückkopplung ermöglicht werden.
- Die (automatische) Erzeugung der Dokumentation soll unterstützt werden.

7.9 Wünsche bezüglich des Handbuchs

Die Unternehmen haben den Wünsch signalisiert, dass folgende Themen im Handbuch behandelt werden sollen:
- Beschreibung der allgemeinen Vorgehensweise/Projektablauf
  - Grundlage für Entwicklungshandbuch
  - Software-Entwicklung in den QS-Abläufen aufnehmen
- Vorlagen, Musterentwürfe, Checklisten
- Codierungsrichtlinien
- Regeln, Richtlinien, Methoden für
  - Testplanung
  - Systematische Testfallermittlung
  - Durchführung von Reviews
  - Ermitteln der Testtiefe
- Teststrategien
- Fehlervermeidung
- Wiederverwendung von Testfällen
- Testabdeckung

Anhang A Werkzeugübersicht

Die nachfolgenden Informationen wurden aus einer intensiven Internetrecherche gewonnen.

A.1 Testwerkzeuge

A.1.1 ATTOL Coverage

kind of tool	contact
Measure of the code coverage	ATTOL Testware Innopolis - Voie La Pyrénéenne - BP 385 31314 LABEGE CEDEX – France Phone: +33 5 61 39 75 30 FAX: +33 5 61 39 16 65 E-mail: info@attol-testware.com http://www.attol-testware.com
description	
Aimed at developers, ATTOL Coverage is easy-to-use. It measures test effectiveness by analyzing code coverage. ATTOL Coverage is the first coverage tool on the market designed for testing on both native and target platforms. ATTOL Coverage is compliant to the Do 178B standard.	

A.1.2 ATTOL SystemTest

kind of tool	contact
Test automation of distributed systems for native and embedded systems	ATTOL Testware Innopolis - Voie La Pyrénéenne - BP 385 31314 LABEGE CEDEX – France Phone: +33 5 61 39 75 30 FAX: +33 5 61 39 16 65 E-mail: info@attol-testware.com http://www.attol-testware.com
description	
ATTOL System Test is a powerful tool to create an integration platform compatible with most distributed applications. With its ability to work with all communication interfaces written in C, ATTOL SystemTest is ideal for testing applications based on commercial middleware (MQSeries, TIB, etc.) and proprietary middleware. ATTOL SystemTest provides vital features for distributed system integrators: functional tests, distributed tests, stress tests, non-regression tests.	

A.1.3 ATTOL UniTest

kind of tool	contact
Test automation of software components for native and embedded systems	ATTOL Testware Innopolis - Voie La Pyrénéenne - BP 385 31314 LABEGE CEDEX – France Phone: +33 5 61 39 75 30 FAX: +33 5 61 39 16 65 E-mail: info@attol-testware.com http://www.attol-testware.com
description	
ATTOL UniTest analyzes the component's source code under test, identifies all the significant variables, parameters and stubs and automatically generates a test script frame outline. ATTOL UniTest provides the functions that are essential for significant time savings: automatic generation of test scripts, automatic test coding, automatic generation of test reports, automatic regression testing.	

Anhang A Werkzeugübersicht

A.1.4 C++Test

kind of tool	contact
Testautomation of the unit test	ParaSoft GMBH Ortenauer Strasse 61 D-77767 Appenweier – Germany Phone: (49) 7805/9569 –60 Fax: (49) 7805/9569 –19 info@parasoft-de.com http://www.parasoft.com
description	
C++Test, a soon-to-be released tool from ParaSoft, automates the unit testing process for C and C++ developers. C++Test is an easy-to-use tool that can easily fit into any existing C/C++ development cycle. C++Test automatically tests any number of C functions or C++ classes from any program that can compile with the Microsoft Visual C++ 6.0 compiler, including embedded systems and device drivers.	

A.1.5 Caliber-RBT

kind of tool	contact
The Requirements-Based Testing Tool	Technology Builders, Inc. 400 Interstate North Parkway, Suite 1090 Atlanta, GA 30339 Phone: 770-937-7900 FAX: 770-937-7898 E-mail: info@tbi.com http://www.tbi.com
description	
Caliber-RBT is a requirements-based, functional test case design system that drives clarification of application requirements and designs the minimum number of test cases for maximum functional coverage. By thoroughly evaluating application requirements for errors and logical inconsistencies, Caliber-RBT enables project teams to refine and validate the requirements earlier in the development cycle. The earlier in the cycle requirement errors are found and corrected, the less costly and time-consuming they are to fix. Caliber-RBT uses the requirements as a basis to design the minimum number of test cases needed for full functional coverage. Caliber-RBT then allows project teams to review both the requirements and the test cases in a variety of formats, including a logic diagram and structured English functional specification, to ensure that the requirements are correct, complete, fully understood and testable.	

A.1.6 Cantata

kind of tool	contact
Test Harness, Coverage Analyzer, Static Analyzer	Quality Checked Software Ltd. P.O. Box 6656 BEAVERTON, OR 97007-0656 Phone: (503) 645-5610 FAX: (503) 645-5075 E-mail: info@qcsltd.com www.qcsltd.com
description	
Cantata provides a high productivity solution for unit and integration testing of C and C++ code. It provides comprehensive facilities for DynamicTesting, Test Coverage and Static Analysis in a single integrated package.	

Anhang A Werkzeugübersicht

A.1.7 C-Cover

kind of tool	contact
Test Coverage Analyzer for C/C++	Bullseye Testing Technology PO Box 3428 Redmond WA 98073-3428 Phone: 425-861-6438 E-mail: info@bullseye.com http://www.bullseye.com
description	
C-Cover increases testing productivity and saves time by quickly identifying untested control structures, functions, C++ classes, source files, and sub-systems.	

A.1.8 CodeTest

kind of tool	contact
Family of software verification tools for embedded systems	Applied Microsystems Corporation Phone: 1-800-426-3935 or 206-882-2000, fax: 206-883-3049 E-mail: info@amc.com http://www.amc.com
description	
CodeTEST is the first software verification tool suite specifically designed for embedded systems software. CodeTEST traces embedded programs and verifies software performance, test coverage, and memory allocation. CodeTEST can monitor an entire program at once, eliminating the difficulty of deciding what part of the program to watch, and how to set up the tool for each measurement. It can produce reliable traces and measurements when programs are executed out of cache or are dynamically relocated. The CodeTEST tool suite includes: Performance Analysis, Coverage Analysis, Memory Allocation Analysis, Trace Analysis.	

A.1.9 CodeWizard

kind of tool	contact
Static Analysis Tool	ParaSoft Corporation 2031 S. Myrtle Ave. Monrovia, CA 91016 Phone: 888-305-0041 Fax: 626-305-3036 E-mail: info@parasoft.com http://www.parasoft.com
description	
CodeWizard is a unique coding standards enforcement tool that uses patented Source Code Analysis technology (patent #5,860,011) to help developers prevent errors and standardize C++ code automatically. CodeWizard spontaneously enforces C++ coding standards, saving hours of labor-intensive analysis.	

A.1.10 CTB

kind of tool	contact
C test harness generator, unit/integration testing environment	Testwell Oy Hermiankatu 8 FIN-33720 Tampere Finland Phone: +358-3-316-5464 FAX: +358-3-318-3311 E-mail: info@testwell.fi http://www.testwell.fi
description	
CTB (C Test Bed System) generates test driver (and stubs, if needed), which are compiled with the units under test resulting in a test bed program. Using C-like command language the test bed facilitates specification-based (black-box) unit and integration testing. Both interactive and script-based tests are supported. The work becomes automated, effective, intuitive, visible, documented, standardized, measurable.	

Anhang A Werkzeugübersicht

A.1.11 IDAS TESTAT for C

kind of tool	contact
Tool for regression black-box and white-box test	Germany IDAS GmbH Hozheimer Straße 96 D-65549 Limburg Germany Tel: +49 6431 404-0 http://www.idas.de
description	
TESTSTAT is a test driver that permits individual C functions to be tested outside a whole program. It also performs static analysis and coverage measurement.	

A.1.12 LDRA Testbed

kind of tool	contact
Static Analysis and Code Coverage Toolset.	LDRA Ltd., Eastern Systems Inc. (USA) 131 Mount Pleasant, Liverpool, L3 5TF, UK. Phone: UK Phone: +44 (0)151 708 8505 Phone: US Phone: (508) 366 3223 FAX: UK Fax: +44 (0)151 709 2027 US Fax: (508) 366 1520 E-mail: ijh@ldra.com WWW: http://www.ldra.com
description	
Analyses source code statically to enforce coding standards & calculate metrics on quality, complexity, & maintainability. Static Analysis also features coding error detection, data flow analysis, variable cross reference, & code visualisation. Dynamic Analysis measures code coverage of statements, branches, test paths, subconditions, & procedure calls. Analyses: Ada, Algol, C/C++, Cobol, Coral 66, Fortran, Pascal, PL/M, PL/1, Assemblers (Intel + Motorola).	

A.1.13 LOGISCOPE

kind of tool	contact
Quality and Productivity for the development, test and maintenance of software applications	VERILOG USA: 3010 LBJ Freeway, Suite 900, Dallas, Texas 75234 Phone: (972) 241 6595 FAX: (972) 241 6594 E-mail: info@verilogusa.com Other: 52 Avenue Aristide Briand, 92220 Bagneux, France Phone: +33 (0)1 45 36 57 00 FAX: +33 (0)1 46 65 77 38 E-mail: info@verilog.fr www.verilogusa.com
description	
A tool set consisting of TestCheker, RuleCheker, ImpactChecker, and Audit. 1) LOGISCOPE TestChecker: Measures the completeness of tests implemented on your application regardless of whether performed on host or target platforms in terms of source code test coverage. Highlights areas of non-executed code (i.e., not checked) during tests. 2) LOGISCOPE RuleChecker: Checks coding rules, naming conventions and presentation rules. It allows you to select rules from the set of 50 pre-established rules provided with the tool, or introduce rules specific to your company, reused from one project to another. 3) LOGISCOPE ImpactChecker: It proposes a request system for checking the use of resources. These requests are relevant to location, type of data used and dependencies between data. 4) LOGISCOPE Audit: is a graphic tool used to evaluate program quality. It provides users with relevant diagnosis based on computation of a set of software metrics (more than 90). Maintenance teams can rely on graphic overviews to understand the program logic and architecture.	

Anhang A Werkzeugübersicht

A.1.14 McCabe QA

kind of tool	contact
Static Analysis Tools	McCabe & Associates 5501 Twin Knolls Dr. Suite 111 Phone: 800-638-0150 FAX: 410-995-1528 E-mail: info@mccabe.com www.mccabe.com
description	
McCabe QA offers – Insight into software quality through module-by-module metric calculation. Metrics including cyclomatic complexity and essential complexity help identify where a program is more likely to contain errors. Metrics measurements are also traced over time to track program improvement. – A visual environment for understanding software. Graphical displays represent the structure of code and the metrics rankings to provide valuable assessment of even large systems. – A database of software characteristics including metrics and flowgraphs, used as a valuable resource for future software changes and upgrades.	

A.1.15 McCabe Test

kind of tool	contact
Test Design Tool	McCabe & Associates 5501 Twin Knolls Dr. Suite 111 Phone: 800-638-0150 FAX: 410-995-1528 E-mail: info@mccabe.com www.mccabe.com
description	
McCabe Test offers – A visual environment that allows you to plan software testing resources in advance. Graphical displays of test paths and the number of tests required, visually identify the most complex areas to help focus testing efforts. – Comprehensive software testing results that identify tested and untested paths and easily pinpoint problematic areas. Reports and graphical displays help testers quickly assess the need for additional tests. – Multiple levels of code coverage including unit level, integration level, path coverage, branch coverage, and Boolean coverage.	

Anhang A Werkzeugübersicht

A.1.16 MessageMaster

kind of tool	contact
Black-box testing (system testing)	Elvior Ltd. Akadeemia tee 21 Tallinn 12618 ESTONIA Phone: +372 639 7045 Fax: +372 620 4254 Mr. Andres Kull, managing director, andres.kull@elvior.ee http://www.elvior.ee/messagemaster.html
description	
MessageMaster is a tool for testing embedded software systems, which have message-based interfaces towards the environment. Testing such systems as black boxes requires a tester who simulates the real environment by feeding messages to SUT and checking that output messages correspond to the expected ones. SUT may be a task, a subsystem, or a system communicating with the environment via message-based interface. MessageMaster is a tool suitable for software testing during incremental software development of such systems. MessageMaster provides facilities for a fast build-up of a simulated environment for SUT. It enables to develop the environment as smoothly as SUT itself evolves.	

A.1.17 PC-lint

kind of tool	contact
Static analyser	Gimpel Software 3207 Hogarth Lane Collegeville, PA 19426 Phone (610) 584-4261 FAX (610) 584-4266 http://www.gimpel.com
description	
PC-lint is a source code checker for C/C++ programs. It checks very thoroughly across multiple modules and is highly customizable. PC-lint checks C/C++ source code and finds bugs, glitches, inconsistencies, non-portable constructs, redundant code, and much more.	

A.1.18 QA C

kind of tool	contact
Deep-flow static analyser	Programming Research Ltd Glenbrook House, 1-11 Molesey Road Hersham, Surrey, KT12 4RJ, UK Phone: +44 (0) 1932 888 080 FAX: +44 (0) 1932 888 081 E-mail: info@prqa.co.uk http://www.prqa.co.uk
description	
QA C is a deep-flow static analysis tool which automates your early-cycle testing and inspection processes. A unique feature of the tool is its ability to detect language implementation errors, automatically enforce company or industry programming standards and identify dangerous programming practice. Produces over 45 industry-accepted metrics including Cyclomatic Complexity, Static Path Count and Myer's Interval and a variety of graphical output reports such as Call Trees, Control Structure and Demographic Analysis.	

Anhang A Werkzeugübersicht

A.1.19 QADirector

kind of tool	contact
Test Manager	Compuware Corporation Fred Diamond 31440 Northwestern Highway Farmington Hills, MI 48334-2564 Phone: 1-248-737-7300 FAX: 1-248-737-7108 E-mail: automated-testing@compuware.com www.compuware.com/qacenter
description	
QADirector is a Windows-based test process management tool that is part of Compuware's comprehensive QACenter TM family of application testing products. It provides application and system managers, developers and QA workgroups with a single point of control for orchestrating all phases of testing. QADirector integrates test management with automated testing to provide a framework for managing the entire testing process-from planning and design to test execution and analysis. QADirector also enables you to make the best use of existing test assets (test plans, cases, scripts), methodologies and application testing tools. With Compuware's QACenter, software testers and application developers can now ensure application quality with the first enterprise-wide testing solution that includes client/server automated testing tools, mainframe testing tools, test processmanagement tools and testing services.	

A.1.20 Rational PureCoverage

kind of tool	contact
Code Coverage Analysis Tool	Rational Software GmbH Keltenring 15 D-82041 Oberhaching Tel.: +49-(0)89-628 38-0 Fax: +49-(0)89-628 38-269 E-mail: info-de@rational.com www.rational-software.de
description	
Rational PureCoverage is a powerful code coverage analysis tool designed for use by developers and testers during daily unit tests to increase software quality by preventing untested code from reaching end users. It is unsurpassed for ease of use and flexibility. With a single click, you can take advantage of an annotated source view that provides line-by-line analysis of either tested or untested code.	

A.1.21 TestDirector

kind of tool	contact
Automated Test Management Tool	Mercury Interactive 470 Potrero Avenue Sunnyvale, CA 94086 Phone: (408) 523-9900 FAX: (408) 523-9911 E-mail: info@mercury.co.il, http://www.merc-int.com
description	
TestDirector is the first Web-based test management solution that globally coordinates testing across your organization. By providing and integrating requirements management with test planning, test scheduling, test execution and defect tracking in a single application, TestDirector accelerates the testing process.	

Anhang A Werkzeugübersicht

A.1.22 TestExpert

kind of tool	contact
Test Management System	Silicon Valley Networks 3255 Scott Blvd., Building 2-102 Santa Clara, CA 95054 Phone: 408-969-0660 FAX: 408-969-0688 E-mail: info@svnetworks.com www.svnetworks.com
description	
TestExpert is an open solution offering development teams integration with and control over their existing testing environment. TestExpert provides a powerful Oracle database repository and parallel execution engine that organizes test cases and test information, drives high-speed test execution, and captures all results and journal information for complete IEEE standard audit trail documentation and requirements traceability. TestExpert's open architecture provides "Best-of-Class" solution through seamless integration with testing tools from industry leaders, such as PureAtria, Rational, Mercury Interactive, and Segue and allows custom integration with existing "in-house" systems.	

A.1.23 TestQuest

kind of tool	contact
Functional and regression testing	TestQuest, Inc. 7566 Market Place Drive Eden Prairie, MN 55344 800.756.1877 952.936.7887 Fax: 952.936.2187 info@testquest.com
description	
Automated Test Environment for Software-Based Electronic Products TestQuest's TestQuest® Pro system provides a powerful automated test platform for functional and regression product testing. If your testing needs include functional and black-box testing of software-based electronic products, then TestQuest Pro's capabilities provide a cost-effective alternative to manual or semi-automated testing.	

A.1.24 TestRunner

kind of tool	contact
Automated System Testing	Qronus Interactive 470 Potrero Ave, Mercury Interactive Bldg. Sunnyvale, CA 94086 USA Phone: (408) 523-4282 FAX: (408) 523 9944 E-mail: info@qronus.co.il http://www.qronus.com/
description	
Non Intrusive Automated Software Quality system for interactive embedded and real-time environments. Specially designed to handle systems incorportating any combination of GUI and I/O channels. (Serial, Digital, Lan, etc.)	

A.1.25 TestWorks/TCAT C/C++

kind of tool	contact
Test Coverage Analysis Tool	Software Research, Inc. 625 Third Street San Francisco, CA 94107-1997 Phone: 415 957-1441 FAX: 415 957-0730 E-mail: info@soft.com http://www.soft.com/Products/index.html
description	
TCAT C/C++ for Windows provides measurements to determine how much code has been tested. TCAT C/C++ produces textual and graphical reports that identify what has and has not been exercised. It uses logical branch coverage (C1) for unit and system testing, and function call coverage (S1) for integration tests. TCAT C/C++ uses recursive descent compiler technology to handle all standard constructs and dialects of C and C++.	

A.1.26 Validator/Req

kind of tool	contact
Specification-Based Test Case and Script Generator	Aonix 595 Market Street San Francisco, CA 94105 Phone: 1-800-97-AONIX FAX: 415.546.6538 E-mail: poston@aonix.com http://www.aonix.com/Products/SQAS/sqas.html
description	
Validator/Req reads spcifications as models and generates, that is it designs and documents, test cases and test scripts. Validator/Req generates the fewest test cases that will exercise every specified or modled action and every historicallt frequent failure.	

Anhang A Werkzeugübersicht

A.2 Emulatoren

A.2.1 Applied Microsystems

supported microcontrollers	contact
Motorola: 68020, 68EC020, 68030, 68EC030, 68040, 68EC040, 68LC040, 68040V, 68060, 68EC060, 68LC060, Coldfire MCF5102, 68340, 68360, 68EN360, 68MH360 **Intel:** 80960Jx, 80960Hx, 80960Rx, 80960 CA/CF	Applied Microsystems GmbH Stahlgruberring 11a 81829 München Phone: 089427403-0 http:///www.amc.com

A.2.2 Archimedes Software

supported microcontrollers	contact
6812, 6816, and 68K/683xx variants 8051 variants	Archimedes Software, Inc. 303 Parkplace Center #125 Kirkland, WA 98033 http://www.archimedessoftware.com

A.2.3 Ashling Mikrosysteme

supported microcontrollers	contact
Fujitsu FR-20 Series, F2MC-8 Series, F2MC-16 Series, SPARClite **Hitachi** H8/300, 300H Series, H8/300L Series, H8S Series, SH1, SH2, SH3, 6301, 64180 **Mitsubishi** MELPS 38000, MELPS 37700, M16C Series **OKI** OLMS-66K, 66500S **Philips** 8051 Family, 80C51XA, 8-bit Smart Card, 16-bit Smart Card **Infineon** 8051 Family, C500 Series, 80C166/167/165, TriCore **IBM** 80C196 Series **Intel** 8051 Series, 80C196 Series **Motorola** 68HC05, 68HC08, 68HC11, 68HC12, 68HC16,68000/68EC000, 68302 LC, PM, EN, 68306, 68356, 683XX (CPU32), 68020, 030, 040, EC, LC, ColdFire 52XX, PowerPC MPC86x **NEC** 78C10/C24, 78K, II, III, IV, V20, V25, V30, V35, V40, V50, V820, V850 **Sharp** ARM7DI **Toshiba** TLCS90 Series, TLCS900 Series, TLC900H Series, TLC9000 Series, R3900 **WDC** 65XX **Zilog** Z80/ Z180/181/182	Ashling Mikrosysteme GERMANY Brunnenweg 4 86415 Mering Tel: 08233/32681 Fax: 08233/32682 Email: sales.de@ashling.com http://www.ashling.com

Anhang A Werkzeugübersicht

A.2.4 Ceibo Germany

supported microcontrollers	contact
8051 and Derivatives Intel: 8085, MCS-251, 386, 186 EM 8xC750/1/2, 8xC748/9 Philips: XA Micros, Telecom Micros, Microchip: PIC Micros 8086/8, 80186/8, NEC V Series	Ceibo Germany Greinerberg 14 D-81371 Munich Tel: 089- 72 43 05 30 Fax: 089- 72 43 05 31 Email: info@ceibo.com http://www.ceibo.com

A.2.5 Hitex

supported microcontrollers	contact
AMD: 80186, 386, 486 Atmel: 8051 variants Dallas: 8051 variants Infineon C5xx, C16x, (C161, C163, C164, C165, 80C166, C167) Intel: MCS-51, MCS-251, 80x86, 386, 486, Pentium Motorola: 68HC05, 68HC08, 68HC11, 68HC12, 68k, CPU-32 NEC: V20, V30, V40, V50 Oki: 8051 variants Philips: 8051 variants ST-Microelectronics: ST7, ST10 Temic: 8051, 80251 Texas Instruments: MSP430	Hitex Development Tools Greschbachstr. 12 D-76229 Karlsruhe Germany Phone +49-721-9628 0 Fax +49-721-9628-189 info@hitex.de www.hitex.de/hitex-de/local.htm

A.2.6 Kleinhenz

supported microcontrollers	contact
SDA 2084, SDA 20160, SDA 30161, SDA 30C162, SDA 30C163, SDA 30C164, SDA 30C264, SDA 30C263 SDA 5250, SDA 30C0010, SDA 20C1210, SDA 30C0050, SDA 20Cxx50, SDA 20Cxx51, 8031, 80C31BH, 8032, 80C32, 8344, 80C51BH, 80C51FX, D80C31u30, 8751, 87C51, 80512, 80515, 80C515, 80C517, 80C517AE, 80535, 80C535, 80C535A, 80C537, 80C537A, 80C552, 83C552, 80C652, 83C562,83C652, 80C654, 83C654, 80C662, 83C662, 80C851, 83C851, 80C528, 80C592, 80C598, 80C154, 80C320, C501, C502, C503, C504, C509, C511, C512, C513, SEC 51C8XX, PMB 272X, PMB 272X1, PMB 472X 68HC11 A0, 68HC11 A7, A8 68HC11 D0, D3, 68HC11 E0, E1, E9, EA9, 68HC11 G5, F1, K4, L6, P2	Kleinhenz Elektronik Greinerberg 14 81371 München Tel.: +49 89 7243 0555 Fax: +49 89 7243 0556 e-mail: support@kleinhenz.com http://www.kleinhenz.com

Anhang A Werkzeugübersicht

A.2.7 Lauterbach

supported microcontrollers	contact
AMD: AM188, AM186, 386SX, 80C186, 386DX, 486DX **ARM**: ARM7TDMI **Atmel**: AT89C51 **Dallas**: DS500T8 **Faselec**: 83CL580, 83CL782 **Hitachi**: H8 family, SH7 family **IBM**: PPC403GA, PPC403GB, PPC403GC, PPC403GCX, PPC603, PPC604, PPC740, PPC750 **Intel**: 80C31, 80C32, 80C51, 80C52, 8085, 8088, 80C152, 80C188, 8344, 83C51, 8XC194, 8XC198, 386, 8086, 80C186, 80C196, 386DX, 486SX, 486DX **MHS**: 80C31, 80C154 **Mitsubishi**: MELPS37700 **Motorola**: 68HC05, 68HC11, 68300, 68HC812, 68HC912, 68000, 68010, 68020, 68030, 68040, 68060, MCF5200, MPC505, MPC509, MPC555, MPC821, MPC860, MPC603, MPC604, MPC740, MPC750 **Motorola DSP**: DSP56000, DSP56300 **National Semiconductor**: NS32CG16, NS32CG160, NS32FX16 **NEC**: V20, V40, V30, V50 **Oki**: 8031, 8051, 80C51, 80C31, 80C52, 83C154 **Philips**: 803x, 805x, 80C3x, 80C5x, 80C500, 80C652, 80C662, 80C851, 80CL410, 83C500, 83C600, 83C851, 83CL580, 83CL782, 87C51, 87C152, 87C552, 87C600, 89C851, 90CE201, 8051XA, 90CL300, 93C100, SCC68070 **ST-Microelectronics**: ST10 **Infineon**: C500, C161, C163, C165, C167, 80C166 **SMC**: COM20051 **Toshiba**: 68000, 68010, 68008, TMP8085, TMPZ84C000, TMP68300 **Zilog**: Z8, Z80, Z180, Z8400, Z86	Lauterbach GmbH Fichtenstr. 27 D-85649 Hofolding Tel. ++49 8104 8943-0 Fax ++49 8104 8943-30 sales@lauterbach.com http://www.lauterbach.com

A.2.8 MetaLink

supported microcontrollers	contact
Dallas: 80C310, 80C320, 80C323, 8xC520, 8xC530 **Intel**: 8051, 80C251 **Motorola**: 68HC05, 68HC11 **National Semiconductor**: COP800 family, CompactRISC (CR16) **NEC**: 78K4 **Oki**: 8051, nX65K **Philips**: PCA5090, PCA5091, PCA5092, PCA5093, 8051 **Infineon**: C500 (8051) **Temic**: 8051C1, 8051C2, 8xC251	MetaLink Europe GmbH Marktplatz 9 D-85614 KIRCHSEEON, Germany Bernhard Islinger Tel: x49+8091-56960, Fax: -+8091-2386 email: islinger@metalink.de http://www.metalink.de

Anhang A Werkzeugübersicht

A.2.9 Microtek

supported microcontrollers	contact
Philips: 8052, 83C51FC, 83C550, 83C652, 83C738, 83C752, 83C782, Intel: 8052, 80C154, 8XC931-HX/-AX, Siemens: 8052, OKI: 8052, 80C154, Temic: 8052, 83C652, Mosel: 8052, MHS: 8052, 80C154, Dallas Semiconductor: 80C320, 80C520 Motorola: 68360/68EN360/68MH360, 68F333, 68HC16Z1 to 16 MHz, 68331, 68332 to 20 MHz, 68340 to 25 MHz	Microtek International, Inc. Development Systems Division 3305 N.W. Aloclek Drive Hillsboro, OR 97124 info@microtekintl.com http://www.microtekintl.com

A.2.10 Nohau Elektronik

supported microcontrollers	contact
AMD: 8031, 80C31, 8051, 80C51, 8053, 80C321, 80C32T2, 80C52T2, 80535, 8751, 87C51, 8753 Dallas: DS80C320, DS87C520, DS87C530, DS5000, DS5000FP, DS5000T, DS5001FP, DS5002FP. Intel: 8051, 80C196, 80C296, MCS251, 82930(USB) MHS: 80C31/51, 80C31/51S, 80C32/52, 80C32/52S, 80C154 Motorola: 68HC16, 68300, 68HC11, 68HC12 Oki: 80C31, 80C51, 80C154 Philips: 8051, 80C51XA Infineon: C500 (8051), 80C166, C164, C165, C167 ST-Microelectronics: ST10 Synopsis: DW8051 Macrocell	Nohau Elektronik GmbH Goethestr. 4 754333 Maulbronn Telefon: 07043/9247- 0 FAX: 07043/9247- 18 http://www.nohau.de

A.2.11 Phyton

supported microcontrollers	contact
Atmel: AT89C51/52/55/1051/2051/4051, AT87F51RC, AT89S8252, AT89S53 Dallas Semiconductor: DS8xC310/320/520/530 Intel: 8xC51/52/54/58, 8x(L)C51FA/FB/FC, 8XC51RA/RB/RC, 80C51GB, 8xC196KB/KC/KD /KR/KT/CB/MC/MD/MH/NT ISSI: IS89C51/52 Infineon: C501/502/511/513 Microchip: PIC16C554/554A/556A/558/558A, PIC16C61, PIC16C620/620A/621/621A/622/622A, PIC16C710/711, PIC16C715, PIC16F83/84, PIC16C62A/63/64A/65A/72/73A/74A, PIC16C66/67/76/77, PIC16C641/642/661/662, PIC12C508/509, PIC12CE518/519, PIC16C52/54A/54B/55/56/56A/57/58A/58B, PIC16C505, PIC12C671/672, PIC12CE673/674, PIC16C923/924, PIC14000, PIC17C42A/43/44/752/756/762/766 OKI: 80C31F/154F Philips: 8xC51/52/54/58, 8x(L)C51FA/FB/FC, 8xC51RA+/RB+/RC+/RD+, 8xC451/453/524/ 528/550/552/554/562/575/576/652/654/851 SST: SST89F54/58, SST89C54/58/59 Temic: TS8xC51/52/154, TS80C31/32	Phyton, Inc. 7206 Bay Parkway, 2nd floor Brooklyn, N.Y. 11204, USA e-mail: support@phyton.com www.phyton.com

© 2001, itm 75

Anhang A Werkzeugübersicht

A.2.12 Signum

supported microcontrollers	contact
Atmel: 89C51, 89LV51, 89C52, 89LV52, 89C55, 89C1051, 89C2051, 89C4051, 89S8252 **Dallas**: 80C310, 80C320, 8xC520, 8xC530 **Intel**: 80C31, 80C32, 8xC51, 8xC52, 8xC54, 8xC58, 80C186, 80C196, 8085 **Microchip**: PIC16C5x, PIC16Cxx **Oki**: 8031, 8051, 80C51, 80C31, 80C52, 83C154 **Philips**: 8031, 8032, 8051, 8052, 80C31, 80C32, 80C51, 80C52, 80C500, 80C652, 80C662, 80C851, 83C851, 83CL580, 83CL782, 87C51, 87C52, 87C552, 8XC51FA, 8XC51FB, 8XC51FC, 8XC51RA+, 8XC51RB+, 8XC51RC+, 8XC51RD+ **Infineon**: C500, TriCore **Silicon Systems**: 32H6849 **Temic**: TS8xC51/52/154, TS80C31/32, TS80C32-x2, TS80C51RA2/RB2/RC2/RD2 **Texas Instruments**: TMS320C1x, TMS320C25, TMS320C 2xx/5x/3x **Zilog**: Z8	Signum Systems Corp. 1783 Lakewood Dr.Henderson, NV 89012 sales@signum.com www.signum.com

A.2.13 WindRiver

supported microcontrollers	contact
Motorola: PowerPC (5xx, 6xx, 7xx, 8xx), PowerQUICC -I 860, PowerQUICC -II 8240, PowerQUICC -II 8260, ColdFire (5202, 5204, 5206, 5206e, 5307), CPU-32 (68330, 68331, 68332, 68333, 68336, 68338, 68340, 68341, 68349, 68360, 68376, 68396) **IBM**: PowerPC (403GCX, 405GP)	Wind River 500 Wind River Way Alameda, Ca94501 http://www.estc.com

Anhang B Qualitätssicherungsmaßnahmen

B.1 Konstruktive Qualitätssicherung

Konstruktive Qualitätssicherung sorgt dafür, dass die Produkte bzw. der Erstellungsprozess von vorne herein bestimmte Eigenschaften erfüllen. Dies kann durch technische Maßnahmen wie die Verwendung von bestimmten Methoden, Werkzeugen oder Sprachen für die Entwicklung erreicht werden, als auch durch organisatorische Maßnahmen wie Richtlinien, Standards und Checklisten.

B.2 Analytische Qualitätssicherung

Im Gegensatz zur konstruktiven Qualitätssicherung bringt die analytische Qualitätssicherung keine Qualität direkt in das Produkt oder den Entwicklungsprozess, sondern durch sie wird die existierende Qualität gemessen. Das Ziel ist also die Prüfung und Bewertung der Qualität der Prüfobjekte.

Man kann diese in analysierende Verfahren und testende Verfahren unterscheiden, wobei der prinzipielle Unterschied darin liegt, dass bei den analysierenden Verfahren auf die dynamische Ausführung des Prüflings verzichtet wird.

B.2.1 Statische Analyse

Einordnung

Methoden um Rückschlüsse auf Eigenschaften der Software direkt aus sich selbst zu ziehen, ohne diese Auszuführen bzw. ihre Entwicklung zu betrachten.

Ziel

Ein Ziel der statischen Analyse ist die Identifikation vorhandener Fehler bzw. fehlerträchtiger Situationen. Ein weiteres Ziel besteht darin, Qualität messbar zu machen [V-Modell97].

Prüfobjekt und benötigte Unterlagen

Quellcode und Richtlinien.

Vorgehensweisen

Das Grundprinzip der statischen Analyse besteht darin, dass ein Prüfgegenstand, der nach einem vorgegebenen Formalismus aufgebaut ist, gelesen wird. Hierbei werden entweder sofort Fehler bzw. fehlerträchtige Situationen festgestellt bzw. Informationen abgeleitet, die nach Ende des Lesevorgangs Rückschlüsse auf Fehler bzw. fehlerträchtige Situationen zulassen.

Fehler bzw. fehlerträchtige Situationen sind beispielsweise
- Verletzung der Syntax

Anhang B Qualitätssicherungsmaßnahmen

- Konventions-/Standardabweichungen
- Kontrollflussanomalien
- Datenflussanomalien

Ebenso werden während des Lesevorgangs Maßzahlen quantifiziert, mit denen man eine Möglichkeit erhält Qualitätsmerkmale zu messen.

Normalerweise findet die statische Analyse werkzeuggestützt statt.

Bewertung

Die statische Analyse ist nur für formalisierte Prüfgegenstände anwendbar, bietet aber dank ausgereifter Welkzeugunterstützung eine einfache Möglichkeit Fehler zu lokalisieren.

B.2.2 Programmverifikation

Einordnung

Die Verifikation zeigt mit mathematischen Mitteln die Konsistenz zwischen der Spezifikation und der Implementierung einer Systemkomponente.

Ziel

Ziel ist die theoretische Erfassung aller möglichen Testfälle, um damit die totale Korrektheit des Programms zu zeigen. Dabei sollen alle Fehler, Inkonsistenzen und Probleme aufgedeckt werden.

Prüfobjekt und benötigte Unterlagen

Jeder Quellcode kann als Prüfobjekt verwendet werden. Zusätzlich benötigt werden die Spezifikation und bei Bedarf Spezifikationsregeln und Ergebnisse vorheriger Reviews.

Vorgehensweisen

Als Testperson wird eine qualifizierte, möglichst mit dem Code vertraute Person gewählt. Im Gegensatz zum konventionellen Testen werden bei der Verifikation anstatt konkreter nur allgemeine Werte eingesetzt. Das Programm wird nur theoretisch (auf dem Papier) getestet. Im Folgenden werden nun mit den Verifikationsregeln sämtliche Teilstrukturen des Programms hinsichtlich aller denkbarer Möglichkeiten auf Termination und Korrektheit überprüft. Letzteres erfolgt durch Vergleich der Umwandlung von Anfangs- in Endbedingungen mit der formalen Spezifikation.

Bewertung

Die Verifikation sollte vorzugsweise nur bei besonders kritischen Programmen angewendet werden, da der Aufwand insbesondere bei umfangreichen, komplexen Quellcodes enorm hoch ist und die Durchführung eine sehr gute Qualifikation voraussetzt. Mit der Verifikation können annähernd alle Fehler zuverlässig aufgedeckt werden.

Weitergehende Informationen

In [Balzert98] findet sich eine Zusammenfassung der Verifikationsregeln und Vorgehensweisen.

B.2.3 Review / Audit

Einordnung

Manuelle, semiformale Prüfmethoden, um Schwächen eines schriftlichen Dokumentes anhand von Referenzunterlagen zu identifizieren und durch den Autor beheben zu lassen. Gegenüber einer Inspektion ist ein Review weniger, gegenüber einem Walkthrough aber stärker formalisiert.

Von einem Audit spricht man meist, wenn ein Review im Rahmen einer Zertifizierung (z.B. ISO 9000) durchgeführt wird.

Ziel

Feststellung von Mängeln, Fehlern, Inkonsistenzen, Unvollständigkeiten, Verstöße gegen Vorgaben, Richtlinien, Standards, Pläne; formale Planung und Strukturierung der Bewertungsprozesse und formale Abnahme des Prüfobjekts.

Prüfobjekt und benötigte Unterlagen

Als Prüfobjekt kann jeder in sich abgeschlossene, für Menschen lesbare Teil von Software, z.B. ein einzelnes Dokument, ein Quellcode-Modul oder OOA-Modell, betrachtet werden. Zusätzlich zum Prüfobjekt werden Referenzunterlagen, wie Vorgaben, relevante Richtlinien und Standards sowie ein Fragenkatalog mit Listen von Fragen, die im Review beantwortet werden sollen, benötigt.

Vorgehensweisen

Eingangsprüfung, optionale Einführungssitzung, individuelle Vorbereitung der Gutachter, Review-Sitzung (Bewertung durch die Gutachter, maximal 2 Stunden Dauer, keine Probleme lösen oder beheben; Autor ist passiv), Überarbeitung des Prüfobjektes; bei gravierenden Mängeln erneute Review-Sitzung.

Bewertung

Der Aufwand eines Review beträgt ca 15-20% des Erstellungsaufwands des Prüfobjektes. Dabei werden ca. 60-70% der Fehler in einem Dokument gefunden. Die Fehlerkosten in der Entwicklung können auf 75% und mehr reduziert werden. Die Nettoeinsparungen für die Entwicklung betragen ca. 20%, für die Wartung ca. 30%. [Balzert98]

Anhang B Qualitätssicherungsmaßnahmen

Weitergehende Informationen

In [Balzert98] findet sich eine Übersicht über das prinzipielle Vorgehen bei einem Review.

B.2.4 Inspektion

Einordnung

Manuelle, formalisierte Prüfmethode, um schwere Defekte in schriftlichen Dokumenten anhand von Referenzunterlagen zu identifizieren und durch den Autor beheben zu lassen.

Ziel

Identifikation von Defekten im Prüfobjekt unter Berücksichtigung des Ursprungsprodukts, aus dem das Prüfobjekt entsprechend den Entwicklungsregeln erstellt wurde. Die Verbesserung der Entwicklungsregeln und des Entwicklungsprozesses ist ebenfalls Ziel der Prüfung.

Prüfobjekt und benötigte Unterlagen

Als Prüfobjekt werden Produkte und Teilprodukte (Dokumente) einschließlich des Prozesses ihrer Erstellung betrachtet. Zusätzlich zum Prüfobjekt werden Referenzunterlagen, wie die Ursprungsdokumente, Erstellungsregen für das Prüfobjekt sowie Checklisten benötigt.

Vorgehensweisen

Menschliche Begutachtung. Teilnehmer: Moderator, Autor, Protokollführer, Inspektoren. 3-7 Teilnehmer.

Bewertung

Aufwand für individuelle Vorbereitung ca. 1 Seite/Stunde pro Inspektor. Aufwand für Inspektionssitzung: max. 2 Stunden (ca. 1 Seite/Stunde).

Bei der individuellen Prüfung werden 80% der Gesamtdefekte identifiziert, bei der Inspektionssitzung 20%.

Weitergehende Informationen

In [Balzert98] findet sich eine Übersicht über das prinzipielle Vorgehen bei einer Inspektion.

B.2.5 Walkthrough

Einordnung

Manuelle, informale Prüfmethode, um Fehler, Defekte, Unklarheiten und Probleme in schriftlichen Dokumenten zu identifizieren. Der Autor präsentiert das Dokument in einer Sitzung den Gutachtern, abgeschwächte Form eines Reviews.

Ziel

Identifikation von Fehlern, Defekten, Unklarheiten und Problemen. Ausbildung von Benutzern und Mitarbeitern. Die Überarbeitung des Prüfobjekts ist nicht Ziel der Prüfung.

Prüfobjekt und benötigte Unterlagen

Als Prüfobjekt werden Produkte & Teilprodukte (Dokumente) betrachtet.

Vorgehensweisen

Der Autor leitet als Moderator die Sitzung und stellt das Prüfobjekt Schritt für Schritt vor. Die Gutacher stellen spontane Fragen und versuchen so, mögliche Probleme zu identifizieren. Die Probleme werden protokolliert.

Optional kann man auch den Gutachtern das Prüfobjekt einige Zeit vorher geben, damit diese sich auf die Sitzung vorbereiten können.

Eine Überarbeitung des Prüfobjekts liegt in dem Ermessen des Autors. Sie wird nicht nachgeprüft.

Bewertung

Der Nutzen ist geringer als bei Inspektionen und Reviews, aber höher als bei fehlender Überprüfung, daher ist ein Walkthrough nur bei „unkritischen" Dokumenten sinnvoll. Es werden nur wenige Defekte identifiziert. Dafür ist der Aufwand gering und ist daher auch für kleine Entwicklungsabteilungen geeignet. Gut geeignet um das Wissen an andere weiterzugeben. Der Autor kann aber die Sitzung dominieren und die Gutachter „blenden".

Weitergehende Informationen

In [Balzert98] findet sich eine Übersicht über das prinzipielle Vorgehen bei eines Walkthrough.

B.2.6 Dynamischer Test

Einordnung

Den dynamischen Test kann man hauptsächlich in die zwei Gruppen Strukturtests (White-Box-Test) und funktionale Tests (Black-Box-Test) unterteilen. Daneben gibt es aber auch noch andere Verfahren wie z.B. diversifizierende Testverfahren, auf welche wir aber im weiteren nicht näher eingehen werden.

Allen Verfahren ist gemeinsam, dass beim Test das Programm ausgeführt und mit konkreten Eingabewerten versehen wird. Auch ist es beim dynamischen Test möglich, das Programm in seiner realen Umgebung zu testen. Dabei sind dynamische Tests aber immer Stichprobenverfahren, d.h. die Korrektheit eines getesteten Programms wird durch diese nicht bewiesen.

Anhang B Qualitätssicherungsmaßnahmen

Ziel

Ziel des White-Box-Tests ist das Finden von Fehlern durch ablauforientierte Testfälle, welche durch die Betrachtung der Entwicklungsdokumente gewonnen werden. Im Gegensatz dazu ist das Ziel beim Black-Box-Test, Umstände zu entdecken, bei denen sich der Prüfgegenstand nicht gemäß den Anforderungen bzw. der Spezifikation verhält. Dabei wird die innere Struktur des Testgegenstands nicht betrachtet.

Prüfobjekt und benötigte Unterlagen

Als Prüfobjekte werden alle ausführbaren Objekte betrachtet.

Vorgehensweisen

White-Box-Testen ist eine Teststrategie, welche die innere Struktur des Prüfgegenstandes untersucht, um aufgrund der Programmlogik ablauforientierte Testfälle zu bestimmen, wobei jedoch die Spezifikationen zu berücksichtigen sind [V-Modell97]. Dazu werden Testfälle identifiziert, welche möglichst viele Teile der Programmlogik abdecken. Man unterscheidet dabei hauptsächlich folgende Abdeckungsarten:

- Pfadabdeckung
- Anweisungsabdeckung (C_0-Test)
- Zweigabdeckung (C_1-Test)
- Bedingungsabdeckung
- Zweig-/Bedingungsabdeckung
- Abdeckung aller Mehrfachbedingungen.

Beim *Black-Box-Testfallentwurf* werden die Testfälle aus den Anforderungen bzw. Spezifikationen abgeleitet. Der Prüfgegenstand wird als schwarzer Kasten angesehen, d.h. der Prüfer ist nicht an der internen Struktur des Prüfgegenstandes interessiert [V-Modell].

Die folgenden Black-Box-Testfallentwurfsmethoden lassen sich unterscheiden:

- Klassifikationsbaummethode
- Äquivalenzklassenbildung
- Grenzwertanalyse
- Test spezieller Werte
- Zufallstest
- Test von Zustandsautomaten
- Ursache-Wirkungs-Analye

Bewertung

Der White-Box-Test ist gut geeignet, Programmzweige zu finden, welche nicht ausgeführt werden können, bzw. laut Spezifikation nicht ausgeführt werden. Im Allgemeinen ist aber ein White-

Box-Test nur sinnvoll, wenn eine Werkzeugunterstützung zur Abdeckungsmessung zur Verfügung steht. Durch die vorhandenen Metriken sind die geleisteten Testaktivitäten gut quantifizierbar.

Mittels eines Black-Box-Tests lassen sich die Einhaltung der Anforderungen bzw. der Spezifikation gut überprüfen, jedoch ist es nicht möglich Programmteile zu identifizieren, welche zwar vorhanden sind, jedoch nicht gefordert waren. Die Hauptschwierigkeit beim Black-Box-Test ist die Ableitung der Testfälle, da ein vollständiger Funktionstest im Allgemeinen nicht durchführbar ist. An dieser Stelle können aber die Metriken aus den Strukturtests evtl. gute Hinweise geben.

B.2.7 Symbolischer Test

Einordnung

Beim symbolischen Test wird ein Quellprogramm mit allgemeinen symbolischen Eingabewerten durch einen Interpreter ausgeführt. Die symbolische Ausführung stellt einen Ansatz dar, den Stichprobencharakter der dynamischen Tests zu beseitigen. Der symbolische Test liegt zwischen Programmverifikation und dynamischem Test.

Ziel

Aufdeckung von Fehlern und Inkonsistenzen zwischen Spezifikation und Implementierung, Überprüfung einer möglichst großen Zahl von Testfällen bei akzeptablem Aufwand.

Prüfobjekt und benötigte Unterlagen

Jeder Quellcode kann als Prüfobjekt verwendet werden. Zusätzlich benötigt werden die Spezifikation und bei Bedarf Spezifikationsregeln und Ergebnisse vorheriger Reviews.

Vorgehensweisen.

Eine qualifizierter Interpreter (z.B. der Autor) führt theoretisch einen Testdurchlauf des Programms durch, allerdings nicht mit konkreten, sondern mit symbolischen Werten. Die Ausgabewerte ergeben sich dann als Beziehung dieser symbolischen Werte. Dies hat zur Folge, dass in Verzweigungspunkten (z.B. bei Bedingungen) in alle theoretisch möglichen Richtungen verzweigt und somit alle Testfälle betrachtet werden. Da dies aber zu einer Unzahl von Möglichkeiten führen würde, beschränkt und vereinfacht der Interpreter (willkürlich) intuitiv die Verzweigungen und überprüft den theoretischen Ablauf auf Fehler.

Bewertung

Durch die symbolische Ausführung werden weitaus mehr, wenn auch nicht alle möglichen Testfälle abgedeckt. Fehler, die durch dynamisches Testen nur schwer zu finden wären, können aufgedeckt werden. Der symbolische Test ist anspruchsvoller und aufwendiger als konventionelle Tests, er eignet sich besonders gut als Ergänzung mit anderen Tests, einen Funktionstest ersetzt er nicht.

Anhang B Qualitätssicherungsmaßnahmen

Weitergehende Informationen

In [Balzert98] finden sich weitere Erläuterungen zum symbolischen Test.

B.2.8 Schreibtischtest

Unter dem Begriff Schreibtischtest ist das zu verstehen, was der Softwareentwickler an seinem Schreibtisch ohne Programmausführung unternehmen kann, um nach Fehlern zu suchen und diese zu entfernen. Darunter fallen z.b. die Suche nach Fehlern im Quellcode und die gedankliche Simulation der Programmausführung um die Programmlogik und den Datenfluss zu verstehen und zu verifizieren.

Anhang C Dokumente der Projektpartner

Anhang C Dokumente der Projektpartner

C.1 Lenze - Formblatt Review SW-Spezifikation

Formblatt Review SW-Spezifikation

Quelle: Firma Lenze

- Allgemeines:
  - Bezeichnung, Projekt, Art des Reviews (Erst-Review, Nach-Review), Datum, Ort, Moderator, Teilnehmer
- Benötigte bzw. zu untersuchende Dokumente
  - mit jeweils Bezeichnung, Ablage, Datum, Version
- Bewertung
  - In Ordnung / erneutes Review notwendig, einschl. Zieltermin
  - Name (Moderator), Datum, Unterschrift
- Liste mit Prüfmerkmalen zu der jeweils eine Bewertung erfolgt
  - Sind die Dokumente eindeutig identifizierbar?
  - Sind die geforderten Dokumente vorhanden?
  - Zu welchen Modulen (HW/SW) bestehen welche Schnittstellen?
  - Sind die Leistungsanforderungen aus dem Pflichtenheft vollständig erfüllt?
  - Bestehen weitere Funktionalitätsanforderungen die noch nicht erfüllt sind?
  - Sind die Schnittstellen stark genug gekapselt und ist eine Modularität gegeben?
  - Sind Systemverhalten wie Genauigkeiten, Zykluszeiten, Antwortzeiten definiert? Können diese Forderungen erreicht werden? (z. B. sind die Eingangsdaten genau genug?)
  - Ist das Fehlerverhalten vollständig definiert? Wenn ja, sollten diese Teile besonders intesiv bzwgl. der Funktions- und Schnittstellenthematik betrachtet werden. Evtl. besondere Testvorgaben.
  - Bestehen Abhängigkeiten von den Gerätezuständen und sind diese ausreichend beschrieben?
  - Sind Anforderungen an Softwareeffizienz definiert?
  - Sind weitere Hardwarevoraussetzungen notwendig?
  - Sind besondere Initialisierungsleistungen notwendig?
  - Besondere Testvorgaben für die Phase Implementierung/Integration?
  - Besondere Testvorgaben für die Systemtests

© 2001, itm

Anhang C Dokumente der Projektpartner

C.2 Lenze: Formblatt SW-Programminspektion Fehlerbeseitigung

Formblatt SW-Programminspektion Fehlerbeseitigung

Quelle: Firma Lenze

- Allgemeines:
  - Bezeichnung, Projekt, Art des Reviews (Erst-Review, Nach-Review), Datum, Ort, Moderator, Teilnehmer
- Benötigte bzw. zu untersuchende Dokumente
  - mit jeweils Bezeichnung, Ablage, Datum, Version
- Bewertung
  - In Ordnung / erneutes Review notwendig, einschl. Zieltermin
  - Name (Moderator), Datum, Unterschrift
- Liste mit Prüfmerkmalen zu der jeweils eine Bewertung erfolgt
  - Sind die Dokumente eindeutig identifizierbar?
  - Sind die geforderten Dokumente vorhanden?
  - Ist die Fehlerauswirkung eindeutig beschrieben und nachvollziehbar?
  - Ist die Fehlerursache eindeutig?
  - Ist die Versionshistorie durchgeführt worden?
  - Ist die Programmänderung verständlich geschrieben und entspricht sie den Programmierrichtlinien?
  - Werden SW/HW-Schnittstellen verändert? Welche Module sind betroffen?
  - Ist die veränderte Funktion stark genug gekapselt?
  - Werden alle veränderten Daten initialisiert?
  - Reaktion auf Störungen und den anschließenden Wiederanlauf durchspielen.
  - Zugriff auf globale Parameter von verschiedenen Interruptebenen genau betrachtet.
  - Werden alle Schleifen korrekt durchlaufen (Grenzwerte bzw. Abbruchkriterien)?
  - Werden die korrekten Typcast-Anweisungen bei Operationen mit unterschiedlichen Datentypen verwendet?
  - Arbeiten Arithmetikanweisungen auch bei Grenzwerten, bei 0 oder bei negativen Werten korrekt?
  - Sind besondere Testvorgaben aus dem Pflichtenheft erfüllt?
  - Besondere Testvorgaben für die Systemstest
  - Ist dieser Fehler auch in anderen Geräten vorhanden?

C.3 Lenze: Formblatt SW-Programminspektion Systemtest-Testcases

Formblatt SW-Programminspektion Systemtest-Testcases

Quelle: Firma Lenze

- Allgemeines:
  - Bezeichnung, Projekt, Art des Reviews (Erst-Review, Nach-Review), Datum, Ort, Moderator, Teilnehmer
- Benötigte bzw. zu untersuchende Dokumente
  - mit jeweils Bezeichnung, Ablage, Datum, Version
- Bewertung
  - In Ordnung / erneutes Review notwendig, einschl. Zieltermin
  - Name (Moderator), Datum, Unterschrift
- Liste mit Prüfmerkmalen zu der jeweils eine Bewertung erfolgt
  - Sind die Dokumente eindeutig identifizierbar?
  - Sind die Prüfungen eindeutig protokolliert (Prüfling, Messmittel, Prüfungsdurchführung, Bewertung, Unterschrift)?
  - Sind die Testcases verständlich beschrieben?
  - Sind die Leistungsanforderungen aus dem Pflichtenheft und der Feinspezifikation getestet? Deckungsgrad abschätzen.
  - Sind besondere Testvorgaben stark genug gekapselt (Modularität)?
  - Sind die Grenzbereiche getestet (Grenzwerte, ungültige Werte, 0, negative Werte)?
  - Sind alle gemessenen Genauigkeiten ausreichend?
  - Sind zusätzliche Testcases zur Bewertung der Robustheit notwendig?
  - Sind die Testwerkzeuge ausreichend gewesen?
  - Werden alle Varianten abgedeckt?
  - Wie verhält sich die Funktion unter besonderen Betriebsbedingungen?

© 2001, itm

Anhang C Dokumente der Projektpartner

C.4 Lenze: Formblatt SW-Programminspektion

Formblatt SW-Programminspektion

Quelle: Firma Lenze

- Allgemeines:
  - Bezeichnung, Projekt, Art des Reviews (Erst-Review, Nach-Review), Datum, Ort, Moderator, Teilnahmer
- Benötigte bzw. zu untersuchende Dokumente
  - mit jeweils Bezeichnung, Ablage, Datum, Version
- Bewertung
  - In Ordnung / erneutes Review notwendig, einschl. Zieltermin
  - Name (Moderator), Datum, Unterschrift
- Liste mit Prüfmerkmalen zu der jeweils eine Bewertung erfolgt
  - Sind die Dokumente eindeutig identifizierbar?
  - Entsprechen die Programmquellen den Programmierrichtlinien?
  - Ist die Versionshistorie durchgeführt worden?
  - Sind die Leistungsanforderungen aus dem Pflichtenheft und der Feinspezifikation vollständig erfüllt?
  - Wie reagiert die Software auf undefinierte Schnittstellen-Eingangswerte?
  - Werden alle relevanten Daten initialisiert?
  - Reaktion auf Störungen und den anschließenden Wiederanlauf durchspielen.
  - Sind alle Fehlermöglichkeiten definiert?
  - Zugriff auf globale Parameter von verschiedenen Interruptebenen genau betrachtet.
  - Werden alle Schleifen korrekt durchlaufen (Grenzwerte bzw. Abbruchkriterien)?
  - Werden die korrekten Typcast-Anweisungen bei Operationen mit unterschiedlichen Datentypen verwendet?
  - Arbeiten Arithmetikanweisungen auch bei Grenzwerten, bei 0 oder bei negativen Werten korrekt?
  - Sind besondere Testvorgaben aus der Spezifikationsphase erfüllt?
  - Besondere Testvorgaben für die Systemtests

C.5 Lenze: Formblatt SW-Review Manuelle Systemtests

Formblatt SW-Review Manuelle Systemtests

Quelle: Firma Lenze

- Allgemeines:
  - Bezeichnung, Projekt, Art des Reviews (Erst-Review, Nach-Review), Datum, Ort, Moderator, Teilnehmer
- Benötigte bzw. zu untersuchende Dokumente
  - mit jeweils Bezeichnung, Ablage, Datum, Version
- Bewertung
  - In Ordnung / erneutes Review notwendig, einschl. Zieltermin
  - Name (Moderator), Datum, Unterschrift
- Liste mit Prüfmerkmalen zu der jeweils eine Bewertung erfolgt
  - Sind die Dokumente eindeutig identifizierbar?
  - Sind die Prüfungen eindeutig protokolliert (Prüfling, Messmittel, Prüfungsdurchführung, Bewertung, Unterschrift)?
  - Sind Testergebnisse verständlich und aussagefähig?
  - Sind die Leistungsanforderungen aus dem Pflichtenheft und der Feinspezifikation getestet? Deckungsgrad abschätzen.
  - Sind besondere Testvorgaben aus Pflichtenheft und Feinspezifikation erfüllt?
  - Was sagen die Testergebnisse über die Erfüllung von nicht näher spezifizierten Anforderungen aus? Vergleich mit Wettbewerbsgeräten.
  - Wie verhält sich die Funktion unter besonderen Betriebsbedingungen?
  - Sind zusätzliche Prüfungen zur Bewertung der Robustheit notwendig?

Anhang C Dokumente der Projektpartner

C.6 Lenze: Formblatt Systemtes

Formblatt Systemtest

Quelle: Firma Lenze

- Formblatt Systemtest
  - Testnummer
  - kurze Versuchsbeschreibung
  - Bearbeiter
  - Gerätebezeichnung, Bemerkung
  - Software-Version, Linkerdatum
  - Gerätespezifika
  - Messgeräte
  - Bewertung der Funktion
  - Datum, Unterschrift

C.7 Lenze: Formblatt Testplan

Formblatt Testplan

Quelle: Firma Lenze

- für ein Gerät werden die zu testenden Funktionen aufgelistet und Planung der Prüfungen vorgenommen.
- Der Plan enthält: Gliederung (Funktionsblock), Nr., Funktion, voraussichtlicher Aufwand, tatsächlicher Aufwand, Testart (automatisch, manuell), Gerätereihe (von der der Test-Case übernommen wurde), Bemerkung, Testername, Termin, Status

C.8 Lenze: SW-Implementierungsrichtlinien

SW-Implementierungsrichtlinien

Quelle: Firma Lenze

- 1. Zweck: 1.1 Veranlassung und Zielsetzung, 1.2 Umfang und Inhalt
- 2. Geltungsbereich
- 3. Begriffe
- 4. Zuständigkeiten
- 5. Beschreibung
  - 5.1 Verwaltung von Modulen und Dateien: Allgemeines, Namenskonvention (Modulnamen, Dateinamen), Datei-Erweiterungenszeichen (Programm-Quelldateien, Include-Dateien, Dokumentations-Dateien, Allgemeines Dateien), Datei-Organisation eines Moduls (Quell-Datei, External-Datei, Definitions-Datei, Modul-Variablen-Datei, Modul-Variablen-External-Datei, Modul-Definitions-Datei, Modul-Externen-Datei), Datei-Organisation des Hauptmoduls (Haupt-Quell-Datei, Haupt-Ergebnis-Datei), Verzeichnisstruktur
  - 5.2 Dateiaufbau: Dateigröße, Dateibezeichnung, Datum, Versionsführung (Versionsnummer, Versionszählweise, Versionsänderung, Versionsnummerierung für Quelldateien, Versionsnummerierung für Module), Strukturierung (Allgemeiner Dateikopf, Allgemeiner Prozedurkopf für C, Allgemeiner Prozedurkopf für ASM, Dateikopf für Quell-Dateien, External-Datei, Definitions-Datei, Modul-Variablen-Extenal-Datei, Modul-Definitions-Datei, Modul-Externel-Datei, Spezielle Include-Dateien, Vorlagen für Strukturdefinitionen)
  - 5.3 Programmierung: Programmdokumentation, Namensgebung, Definitions-Anweisungen, Compiler-Schalter, Programmiertechniken (Bedingungsabfragen, Sprunganweisungen, Unterprogramm-Ein-Ausgänge, Variablendefinitionen, Programmstruktur), Editoren
- 6. Hinweise und Anmerkungen
- 7. Dokumenation
- 8. Änderungsdienst
- 9. Verteiler
- 10. Anhang: Modulkennungen, Quellprogramm-Schalter, Grunddefinitionen (Boolsche Definitionen, Verknüpfungsdefinitionen, Datentypen, Zahlenwerte, Variablenallokation), Erläuterungen, Indexverzeichnis

C.9 Lenze: Typprüfung

Typprüfung

Quelle: Firma Lenze

- Anforderungen:
  - Entwicklungsbegleitende Prüfung
  - reproduzierbare Tests
  - Verifizierung der Gerätefunktionen
  - Erstellung von Standardtestfunktionen (Wiederverwendung)
  - Entlastung der Endprüfstände
- Aufgaben:
  - Die Typprüfung verifiziert die Funktionen eines Gerätes. Es ist nicht notwendig, Funktionen, die nur durch die Gerätesoftware bestimmt werden, einer 100%-Prüfung an den Entprüfständen zu unterziehen. Wenn einmal in der Typprüfung die Zuordnung zwischen einem Eingang und dessen Funktionen geprüft wurde, dann muss in der Abschlussprüfung nicht jede mögliche Kombination getestet werden. In der Abschlussprüfung muss lediglich die Hardware der Eingänge anhand beliebigen Kombination geprüft werden.
  - Die Gerätefunktionen werden auf kritische Werte getestet
  - Die Funktionen werden auf gegenseitige Beeinflussung untersucht.
  - Zum Schluss wird getestet ob sich der Prüfling unkritisch bei Fehleingaben verhält
- Beschreibung der Prüfumgebung

C.10 Programmierrichtlinien

Programmierrichtlinien

- Formalities
  the whole documentation of the modules is inside the header. So the header must include these thin2s: - not more than 80 characters per line-, characters <0x80
  - name of module, version of module, project, compiler/assembler, date of writing,-, author
  - log-book: date, name, problem, cause, correction, effects, test-results.
  - a description of functionality; if necessary pseudo-code
  - a list of all -global used parameters and defines; if you have include-files usually not all externals from the includes are used.
  - a description of the present parameters: functionality, range, tested range, range with undefined functionality
  - if float parameters (IEEE754) are used take care of special ranges: NAN, 0.0, -- 1.401298e-45 ... -1.17549435e-38 ... ±3.4028234e+38
  - special things if necessary. Examples: only runable on Intel-/Motorala-format, special compiler options, recursion,...
- Documentation of the co-operation of the modules
  - white box description of co-operation
  - structure of interrupts, state-machines
  - characteristics about abnormal situations: no communication, wrong input data,
  - timings: self-test, read/write of EEPROM, calibration,
  - special tests for the production
- description of tests
  the test should be described exactly so that later tests could be repeated
  - test-condition: emulator, debugger, code-reading, no tests, special module test
  - who tests what, what were not tested, where could be problems, critical conditions.
  - if there was a code-reading please remark it in header with whom and date.
- References
  if there is a definition of functionality or tables from references, comment it at this place in the source with name of references, pace, chapter, table-No. etc.
- procedure to archive
  the documentation should be very detailed. It must be possible to generate with this description the same BIN-file/ hex-file as the official version.
  - readme.txt with detailed description
  - version of all used tools
  - list of all sources, tools, make, linkfiles, DOS-Version, changes at config.sys/autoexec.bat, structure of directories,...
  - proceedings: int=signed int, K&-R-C/ANSI-C, optimisation,...

- is there a checksum at ROM-version, describe it how to put the checksum into the BIN-File

C.11 Programmierrichtlinien II

Programmierrichtlinien

- Modulschnittstellen, Header-Dateien

Die allgemein nach außen zur Verfügung gestellte Schnittstelle jedes Moduls ist vollständig durch eine Header-Datei definiert. Diese hat den gleichen Namen wie die zugehörige Quelldatei, jedoch mit der Extension '.H'. Diese Header-Datei kann ggf. weitere Header-Dateien verwenden. Um Mehrfachverwendung einer Header-Datei zu verhindern, wird der Inhalt jeder Header-Datei wie folgt geklammert:

#if !defined (<HEADER_ID>)	<HEADER-ID> wird aus dem Dateinamen
#define <HEADER_ID>	abgeleitet, indem alle Buchstaben des Dateina-
...	mens in Großbuchstaben gewandelt und der '.'
...	vor der Extension durch ein '-' ersetzt wird, z.B.:
#endif	dg_main.h -> DG_MAIN_H

Header-Dateien enthalten:
- Konstantendefinitionen *(#define*-Anweisungen)
- Typdefinitionen
- Deklarationen von globalen Variablen

Globale Variablen sollten nur in Ausnahmefällen verwendet werden. Der Zugriff auf Variablen eines Moduls sollte in der Regel über Funktionen erfolgen.
- Deklarationen der globalen Funktionen

Diese enthalten den Ergebnistyp der Funktion sowie die Definition der formalen Parameter unter Angabe ihres Typs. Damit kann der Compiler sowohl bei der Definition der Funktion als auch bei der Verwendung der Funktion die Typprüfung der Parameter vornehmen.

Zu jeder globalen Funktion gehört ein Kommentar, der folgendes enthält:
- Kurzbeschreibung der Funktionalität
- Beschreibung der Bedeutung der Parameter, wenn erforderlich auch mögliche Übergabewerte
- Beschreibung des Funktionsergebnisses (mögliche Rückgabewerte und ihre Bedeutung)
- Ggf. eine Beschreibung zu beachtender Besonderheiten bei der Verwendung der Funktion

Diese Beschreibungen müssen so ausführlich sein, dass allein daraus ersichtlich ist, wie die Funktion zu verwenden ist.

Alle in der Header-Datei deklarierten Variablen und Funktionen sind mit dem Pseudo-Schlüsselwort 'global' zu versehen.

Die globalen Variablen und Funktionen sind so zu benennen, dass zu erkennen ist, in welchem Modul sie definiert sind.

Stellt ein Modul Variablen und Funktionen zur Verfügung, die nicht allgemein, sondern nur bestimmten Modulen, z.b. innerhalb eines Subsystems, zugänglich sein sollen, so werden diese in einer speziellen Header-Datei mit der Extension '.CON' deklariert. Sie werden dort mit dem Pseudo-Schlüsselwort 'connect' anstelle von 'global' gekennzeichnet. Ansonsten gelten auch hier die oben aufgeführten Regeln.

- C-Quelldateien

Der **Import-Teil** (eingeleitet durch #include <import.h>) enthält die #include-Anweisungen für die Header-Dateien der Module, deren Funktionen das aktuelle Modul verwendet.

Der **Export-Teil** (eingeleitet durch #include <exporl.h>) enthält #include-Anweisungen für die Header-Dateien, die die globalen Funktionen und Datenobjekte deklarieren.

Der **Implementationsteil** (eingeleitet durch #include <implemen.h>) enthält den eigentlichen 'C'-Quelltext des Moduls. Allen im Implementationsteil definierten Variablen und Funktionen ist das Pseudo-Schlüsselwort 'local' voranzustellen. Damit wird eine fälschliche Verwendung derselben durch andere Module ausgeschlossen.

Die Dokumentation im Quelltext muss so beschaffen sein, dass ein "anderer Programmierer" in der Lage ist, das Programm zu verstehen.

Um die Lesbarkeit von Programmen sicherzustellen, sind die folgenden Regeln zu beachten:
- Einrückungen:
  - Ein durch Klammerung erzeugter Blockinhalt wird eingerückt. Die Klammer selbst wird nicht eingerückt.
  - Steht anstelle eines Anweisungsblocks eine einzelne Anweisung auf einer neuen Zeile, so wird sie eingerückt als wäre sie in Klammern umschlossen. (if-then-else, for-, while-, do-, Schleifen mit nur einer Anweisung).
  - Es wird immer ein Tab im Abstand von vier Spalten als eine Einrückung verwendet.
- Geschweifte Klammern:
  - stehen immer auf einer neuen Zeile (Ausnahme bei Vorbesetzungen von Daten).
  - Klammern auf oberster Programmebene stehen am linken Rand.
  - nach einer geschweiften Klammer, die einen Anweisungsblock eröffnet, darf keine Anweisung in dieser Zeile mehr folgen. Empfohlen wird ein Kommentar, der den dann folgenden Block erläutert.
  - Öffnende und die zugehörige schließende Klammer stehen stets auf derselben Spalte. case/default-Marken bei einer switch-Anweisung stehen auf derselben Spalte wie die geschweiften Klammern der switch-Anweisung. Die zu einer Marke gehörenden Anweisungen werden um einen Tab eingerückt.
- Ausdrücke:
  - Vergleichsoperatoren werden durch Leerzeichen begrenzt.

- bei Ausdrücken werden immer runde Klammern verwendet, auch wenn sie zur korrekten Auswertung nicht erforderlich sind.
- der von einer return-Anweisung zurückgegebene Wert steht stets in runden Klammern.
- wischen einem Funktionsnamen und der öffnenden runden Klammer steht kein Leerzeichen.
- Schlüsselworte sind stets durch Leerzeichen begrenzt.
- Nach einem Komma folgt stets ein Leerzeichen.
- Operatoren wie . und -> werden ohne Leerzeichen mit ihren Argumenten verknüpft.

- Variablen:
  - Deklaration der Variablen erfolgt immer in inhaltlich zusammenhängenden Gruppen.
  - Die Wahl von Bezeichnern muss sinnfällig, aber auch möglichst kurz und einprägsam sein.
  - Hinter der Deklaration einer Variable steht im Kommentar ihr Zweck und falls nötig ihr Wertebereich mit entsprechender Bedeutung. Bei reinen Hilfsvariablen, wie z.B. Zählvariablen für Schleifen, kann darauf verzichtet werden.

- Makros und Konstanten:
  - Makros und Konstanten werden groß geschrieben.
  - Bemerkungen zu Deklaration und Wahl der Bezeichner bei Variablen gilt hier entsprechend.
  - alle #define-Anweisungen stehen vor der ersten Funktionsdefinition.
  - Ausdruecke in #define-Anweisungen stets in runde Klammern setzen.

- Kommentare sind notwendig:
  - um Variablen und deren Bedeutung bei der Definition zu erläutern.
  - um bei Funktionen den Bezug auf die Implementationsdokumentation herzustellen.
  - um Hinweise zu geben, was in einem Anweisungsblock geschieht.
  - um trickreiche (sofern sie sich nicht vermeiden lassen) Stellen zu verstehen.
  - um vorläufige 1mplementierungsstände zu kennzeichnen.
  - um Wartungsmaßnahmen zu erläutern.

C.12 Prüfvorschriften und -protokoll für den Typtest

Prüfvorschriften und -protokoll für den Typtest

- Prüfvorschrift enthält:
  - Beschreibung der für den Test erforderlichen Mittel; Übersichtsdiagramm über die durchzuführenden Test für Querreinstieg
  - Wie Gerät anschließen (Netzteil, Pin-Belegung)
  - Wie Programmierschnittstellen (RS232, R485 usw.) anschließen u. konfigurieren
  - Prüfvorschriften für alle Eingänge
  - Prüfvorschriften für Geräteprogrammierfunktionen
  - Prüfvorschriften für Ausgänge
  - Prüfvorschriften für das Anzeigeelement
  - Prüfvorschriften zur Prüfung aller Fehlermeldungen
- Testprotokoll
  - Kopf enthält: Gerätebezeichnung, SW-Version, Hardware-Version, Testschwerpunkt
  - die in der Prüfvorschrift aufgeführten Prüfpunkte werden aufgelistet und müssen abgehakt bzw. entsprechende Werte eingetragen werden.
  - Bemerkungen, Datum, Unterschrift

C.13 Review.Checklisten

Review (Checklisten)

- SW-Beschreibung allgemein:
  - Programmkopf, Copyright Vermerk, Programmversion, Programmname, Datum, Programmauthor, Programmbeschreibung, Dokumentation in Listing / Kommentare, INCLUDE-Dateien überprüfen, Test-Statements entfernen, Überprüfung von ERRORS/WARNINGS/MESSAGES, Programmspeicher ausreichend
- Variablen/Konstanten-Prüfung
  - Werden alle Variablen benötigt
  - Art der Variablen: statisch, dynamisch, quasidynamisch
  - Prüfung spezieller Register des Prozessors; insbesondere Initialisierung nach Reset
  - Variablen sinnvoll initialisiert
  - Doppelbelegung von Variablen
  - Werden alle Konstanten benötigt
- Überträge abfangen (Rotate/Carry)
  - Auflisten aller Assembler-Befehle, bei denen Überträge abgefangen werden müssten und Prüfen der Implementierung
- Reset/Interrupt-Handling
  - Watchdogprüfung, Reset-Vektor, Interrupt-Vektor,
  - Prüfen spezieller Register, die mit einem Reset bzw. Interrupt zusammenhängen
  - Stack-Tiefe
- Design Rule Check
  - Watchdog
  - statische Variable
  - Variablen mit Kleiner-Gleich und Größer-Gleich auf Gleichheit überpüfen
  - nicht benutzte ROM-Zeilen füllen
  - nicht benutzte Vektoren berücksichtigen
  - BIT-Adressierung absolut
  - RAM- und ROM-Test
  - Dokumentation im Listing
  - Programmkopf vollständig

C.14 SW-Entwicklungshandbuch (Entwurf)

Software-Entwicklungshandbuch (Entwurf)

- enthält: Phasenübersicht, Kurzbeschreibung der Phasen (mit Inhalten speziell für eingebettete Systeme), Inhalt eines Spezifikationsdokuments, Datenkatalog (Strukturierte Analyse), Dateiablage/-bezeichnung, Namensgebung für Konstaten und Variablen, Richtlinien für C-Module (Funktionsprototypen, Modul-Übergabevariablen), Allgemeine Definitionen und Makros in einer seperaten Datei, Strukturierte Testfallermittlung mit der Klassifikationsbaummethode (jedoch nur eine Auswahl von kritischen Testfällen aus den theoretisch Möglichen), Definition einer Testaktion
- Inhalt eines Spezifikationsdokuments:
  - Versions-Historie, Projektziele, Anforderungen (Beschreibung zu charakteristischen Punkten des Produkts), Weitere Vereinbarungen (Dokumentationsinhalte, Serviceleistungen), Hardwarekomponenten
  - Ereignistabelle (textuell) : Ereignis, Auslöser, Antwort
- Namen für Konstanten und Variablen
  - möglichst selbsterklärende Namen; Es ist zu berücksichtigen, dass durch die verwendeten Entwicklungssysteme die Namenslänge begrenzt und die Anzahl signifikanter Stellen vorgegeben sind.
  - Konstanten werden mit Großbuchstaben und Variablen beginnen mit eine Großbuchstaben gefolgt von Kleinbuchstaben; Einzelne Wörter werden mit Unterstrich getrennt.
  - Im Namen einer Variable wird der Datentyp der Variable mit Kleinbuchstaben an der 1. (und 2.) Stelle angegeben. (bit: b, signed char: c, unsigned char: uc, int: i; unsigned int: ui, long: l, unsigned long: ul, float: f, double: d)
- Richtlinien für C-Module
  - Projektspezifische Konstanten werden in einer allgemeinen Header-Datei definiert welche in alle betroffenen Source-Dateien eingebunden wird. Modulspezifische Konstanten werden nur lokal, d. h. modulintern definiert
  - Variablen sind vor ihrer Verwendung zu definieren, oder wenn sie in einem anderen Modul definiert sind, zu deklarieren. Projektspezifische Variablen werden in mehreren projektspezifischen Modulen verwendet. Sie werden in einem allgemeinen Modul (z. B. main.c) definiert und in einer allgemeinen Header-Datei (z . B. main.h) deklariert.

© 2001, itm

Anhang C Dokumente der Projektpartner

C.15 Test der Compiler-Umsetzung

Test der Compiler-Umsetzung

- Compiler-Test (Umsetzung von if-Anweisungen nach Assembler)
  - Zum Test der effizienten Übersetzung werden für zwei Fälle (mit und ohne Compiler-Optimierungsfunktionen) Code assembliert.
  - Ergebnisse analysieren und daraus Programmierrichtlinien ableiten

C.16 Testplan für den Systemtest

Testplan für den Systemtest

- 1. Einleitung: Identifikation, Überblick über das System (für jedes HW-Modul und SW-Modul Name und Version)
- 2. Identifikation und Durchführung des Tests: Testumgebung, Messmittel, erwartete Ergebnisse (nur Hinweis auf die Spezifikation)
- 3. Testberichte
  - Die Tests bestehen aus einem Minimal-Test und der Test von charakteristischen Merkmalen/Funktionen des Produkts (s. auch Spezifikation)
  - Für jeden Test wird die Hardware-Konfiguration und der Test beschrieben
  - Für die Hardware-Konfiguration werden relevante Signale tabellarisch mit Angabe des Anschlusses und des Zustandes aufgelistet.
  - Für den Test wird die Aktion, Reaktion und der Testerfolg dokumentiert. Hinzu kommt das Datum und der Name des Bearbeiters. Falls notwendig, werden Oszilloskopausgaben aufgeführt.

C.17 Testspezifikation

Testspezifikation

- Teststrategie
  - Test aller vom Betriebssystem erkennbarer Baugruppenfehler. Testdurchführung: Qualitätswesen. Testfälle anhand vom Betriebssystem erkennbarer Baugruppenfehler.
  - Integrationstest anhand Pflichtenheft/Bedienungsanleitung. Testdurchführung: Qualitätswesen/Applikation. Testfälle sind im Pflichtenheft als Fußnoten eingetragen, wobei Tester zusätzliche (wichtige) Testfälle definieren kann.
  - Regressionstest. Testdurchführung: Softwareentwicklung.
  - Inbetriebnahmetests anhand FMEAs. Testdurchführung: Softwareentwicklung. Testfälle sind entstanden aus den FMEAs und Betrachtungen der Modul-Strukturen. Die Testfälle werden während der Inbetriebnahme definiert.
- Tests im Einzelnen
  - Kompatibilitätstest
  - Komplett-Test Baugruppentests
  - Funktionstest/Integrationstest
  - Regressionstest: Test Baugruppentests (defekte E/A, überschriebene E/A, abgeschaltete Baugruppen), Betriebssystemtest (verschiedene Architektur/Prozessorspezifische Prüfungen, Peripheriefehler), Funktionstest,
  - Reviewtest,
  - Beispiel-Test,
  - Inbetriebnahmetest
  - Bedienungsanleitung
  - Extremtests
  - Laufzeiten: Normalbetrieb (Alarmerkennungszeit, Alarmreaktionszeit), Fehlerbearbeitung (Zykluszeit bei Fehlerbearbeitung, Alarmreaktionszeiten im Fehlerfall, Alarmerkennungszeit)
- Testfall-Beschreibung
  - Testnummer
  - Baugruppe
  - Test CPU
  - Testbereich / Unterbereich
  - Prüfung
  - Ausführung
  - Kommentar

C.18 Vorlage Review-Protokoll

Vorlage Review-Protokoll

- Teilnehmerliste
- Besprochene Funktion / Baugruppe
- Stärken / Schwächen / Risiken
- Absicherung der Funktion / Versuchsprogramm (Vorversuche, Funktionstest, Dauerlauf ...)
- Einwände / Bedenken mit Namen (Pflicht)
- Maßnahmen / Änderungen

C.19 Vorlage Testplan

Vorlage Testplan

- Testrahmen (anzuwendende Vorlagen)
- Testumgebung (wo, womit)
- Zuständigkeiten (wer testet was)
- Tests in den einzelnen Phasen
- Testreihenfolge und Abhängigkeiten für den Test

C.20 Vorlage Testspezifikation

Vorlage Testspezifikation (Beschreibung der Testdurchführung; wie wird es gemacht)

- Ziel: Nachvollziehbarkeit der Tests durch Dritte.
- Testaufbau
- Testfälle (input, output mit zulässiger Abweichung)
- Testablauf
- Abdeckungsmatrix (Welche Anforderung wird mit welchem Test überprüft?)

C.21 Vorlage Versuchsauftrag-Versuchsdurchführung

Vorlage Versuchsauftrag/Versuchsdurchführung

- Organisatorischer Teil mit Versuchsauftrags-Nr.
- Stückliste
- Zeichnungen
- Versuchsdurchführung

C.22 Vorlage Versuchsplan

Vorlage Versuchsplan

- Versuchsträger
- Versuchsbeteiligte
- Thema, Anlaß und Ziel des Versuchs
- Größen, die das Ergebnis beeinflussen oder durch das Ergebnis beeinflußt werden
- erwartete Ergebnisse
- Versuchsaufbau
- relevante Versuchsparameter
- präziser Versuchsablauf mit Abbruchkriterium
- Ergebnisse und weiteres Vorgehen

C.23 Vorlage Versuchsterminplan

Vorlage Versuchsterminplan

- Versuchsträger
- Vorgangsname
- Verantwortlicher
- Start / Ende / Dauer
- Abhängigkeiten zu anderen Vorgängen

Anhang D Weitergehende Dokumente

D.1 QS-Dokumente im V-Modell

D.1.1 QS-Plan

Der QS-Plan enthält die für ein Projekt gültigen generellen Festlegungen bezüglich der Prävention und der Nachweisführung (Arbeitsweisen, Hilfsmittel, Abläufe). Geplant werden konstruktive Maßnahmen zur Erreichung der Qualitätsziele, präventive Maßnahmen zur Vermeidung von Qualitätsrisiken und analytische Maßnahmen zum Nachweis der Erfüllung von Qualitätsforderungen.

- **Qualitätsziele und Risiken im Projekt**
  - Qualitätsziele für Produkte und Prozesse
    Die im Projektauftrag fixierten Projektziele sind aus Sicht der Qualitätssicherung zu beleuchten und entsprechend der Projektkriterien und -randbedingungen zu gewichten, so dass messbare Qualitätsziele für das Projekt und seine Produkte definiert werden.
  - Qualitätsrisiken
    Qualitätsrisiken, die bestehen, wenn die Projektziele und -kriterien unter den gegebenen Projektrandbedingungen zu erfüllen sind, sind hier aufzuführen, zu gewichten und zu analysieren.
  - Maßnahmen aufgrund der Qualitätsziele und -risiken
    Hierunter fallen Maßnahmen, die für das Erreichen und die Kontrolle der Qualitätsziele sowie für das Vermeiden und die Korrektur von Qualitätsrisiken erforderlich sind.
- **QS-Maßnahmen gemäß Kritikalität und IT-Sicherheit**
  - Verwendete Richtlinien oder Normen
    - Definition von Kritikalität und ihrer Stufen
    - Definition IT-sicherheitsrelevanter Stufen, wie die Einstufung in Evaluierungsstufen und die Festlegung der benötigten Stärke von IT-Sicherheitsmechanismen
  - Einstufungsbedingte QS-Maßnahmen
- **Entwicklungsbegleitende Qualitätssicherung**
  - Zu prüfende Produkte
  - Zu prüfende Aktivitäten
    Es sind diejenigen – generischen – Aktivitäten aufzulisten, deren Konformität mit vorgeschriebenen Regeln (Standards, Richtlinien, Methoden) durch eine Prozeßprüfung nachzuweisen ist.
- **Spezifische Kontrollmaßnahmen**
  - Eingangskontrolle von Fertigprodukten
    Fertigprodukte sind bereits fertiggestellte Softwarepakete. Sie können sein:
    a) gekaufte Software, z. B. Bibliotheksprogramme, Testmonitor, Betriebssysteme, Compiler, Werkzeuge,
    b) verwendbare Software, die in der gleichen Firma, aber außerhalb des laufenden Projekts entwickelt wurde.
    Hierbei ist nach dem geplanten Verwendungszweck zu unterscheiden in
    - Fertigprodukte, die in die Funktionalität des Systems eingehen und

Anhang D Weitergehende Dokumente

- Fertigprodukte, die für den Erstellungsprozess genutzt werden.
- Kontrolle von Unterauftragnehmern
- Ausgangskontrolle der Softwarebausteine
- Änderungskontrolle
- Kontrolle von Bearbeitungskompetenzen
- Kontrolle des Konfigurationsmanagements

D.1.2 Prüfplan

Der Prüfplan definiert die Prüfgegenstände und die Aufgaben und Verantwortlichkeiten bei den Prüfungen, die zeitliche Planung sowie die für die Durchführung erforderlichen Ressourcen. Im Prüfplan ist festgelegt, welche Produkte und Aktivitäten in welchem Zustand wann, von wem und womit zu prüfen sind.

Orientiert an den Projektgegebenheiten wird entweder ein – für alle Prüfungen verbindlicher – Prüfplan erstellt, oder es erfolgt eine zweckmäßige Aufteilung in mehrere, physikalisch getrennte Prüfpläne, die jeweils Teilmengen der Prüfungen umfassen. Eine solche Aufteilung könnte beispielsweise anhand von Teilprojekten oder anhand der Bezugsprodukte (System, Segment, SW-Einheit/HW-Einheit) erfolgen.

- **Prüfgegenstände und Qualifikationserfordernisse**

Die jeweils einer Prüfung durch QS zu unterziehenden Prüfgegenstände werden in ihrer konkreten Ausprägung genannt und die jeweiligen Qualifikationserfordernisse beschrieben. Zu den Prüfgegenständen zählen:

- Anwenderforderungen
- Technische Anforderungen
- Systemarchitektur
- SW-Architektur
- HW-Architektur
- Schnittstellenübersicht
- Schnittstellenbeschreibung
- Integrationsplan
- Betriebsinformationen (Informationen zum Anwendungshandbuch, Informationen zum Diagnosehandbuch, Informationen zum Betriebshandbuch und sonstige Einsatzinformationen)
- System (Prüfung des integrierten, ablauffähigen Produkts und der Schnittstellen zwischen Segmenten oder gegebenenfalls SW-Einheiten/HW-Einheiten und zur Systemumwelt)
- Segment (Prüfung des integrierten, ablauffähigen Produkts und der Schnittstellen zwischen SW-Einheit und HW-Einheit und zum Nutzer)
- SW-Einheit (Prüfung des integrierten, ablauffähigen Produkts und der Schnittstellen zwischen SW-Komponenten, SW-Modulen und Datenbanken)

Anhang D Weitergehende Dokumente

- HW-Einheit (Prüfung des integrierten, funktionsfähigen Produkts, der Schnittstellen und gegebenenfalls einzelner HW-Komponenten und HW-Module)
- SW-Entwurf (zu jeder SW-Komponente, jedem SW-Modul, jeder Datenbank)
- Datenkatalog
- Implementierungsdokumente (zu jeder SW-Einheit, jeder SW-Komponente, jedem SW-Modul, jeder Datenbank)
- SW-Komponente (Prüfung des integrierten, ablauffähigen Produkts und der Schnittstellen zwischen integrierten SW-Komponenten, SW-Modulen und Datenbanken)
- SW-Modul
- Datenbank
- Zeichnungssatz
- Realisierungsdokumente

Des weiteren kann es aufgrund strenger Qualifikationserfordernisse erforderlich sein, auch Prüfungen für folgende Prüfgegenstände festzulegen:

- SWPÄ-Konzept
- KM-Plan
- Projekthandbuch
- Projektplan
- KID
- Prüfplan, Prüfspezifikation und Prüfprozedur, sofern kritische Produktbedingungen vorliegen. Bei Prüfungen von QS-Produkten ist auf eine entsprechende Rollenverteilung zu achten.
- Weitere Produkte (soweit erforderlich)

- **Aufgaben und Verantwortlichkeiten**

Zu jeder an der Prüfung beteiligten Organisationseinheit (benannt im QS-Plan) wird ihre Verantwortlichkeit in Bezug auf die Prüfung kurz beschrieben. Es wird hier unterschieden zwischen ausführender, mitwirkender, beratender oder beaufsichtigender Beteiligung. Weiter werden die einzelnen Prüfungen auf Personen zugeordnet und diese namentlich genannt.

- **Zeitplan**

Der SW-Lebenszyklus mit seinen Baselines sowie die Randbedingungen der Entwicklung bestimmen die zeitliche Folge der Prüfungen. Hier sind die Termine für die Prüfungsvorbereitung und -durchführung der o. g. Prüfgegenstände und für die Vorbereitung von Durchführungsentscheidungen zu nennen.

- **Ressourcen**
  - Prüfumgebung
    Die zur Prüfung notwendige Prüfumgebung wird beschrieben. Existiert eine Prüfumgebung der geforderten Art bereits, so ist diese mit ihren HW-Bausteinen (Geräte, Analysatoren, Monitore, Testrigs, usw.) und SW-Bausteinen (Systemsoftware, Firmware, Simulatoren, Testdatengeneratoren, Testtreiber, Stubs, usw.) eindeutig zu identifizieren; andernfalls sind die Anforderungen an diese Umgebung zu definieren.

Anhang D Weitergehende Dokumente

- Weitere Ressourcen

D.1.3 Prüfspezifikation

Die Prüfspezifikation enthält die Beschreibung von Prüfanforderungen und -zielen, Prüfmethoden, von den Anforderungen abgeleitete Prüfkriterien und die Prüffälle. Die Abdeckung der Anforderungen durch die Prüffälle wird durch eine Abdeckungsmatrix dokumentiert. Mit Hilfe der Prüfspezifikation muss entschieden werden können, ob die Prüfung erfolgreich war oder nicht.

Eine Prüfspezifikation wird für jeden Prüfgegenstand erstellt – vgl. Festlegung der „Prüfgegenstände" im Prüfplan.

Es ist möglich, mehrere Prüfspezifikationen zu einem Dokument zusammenzufassen.

- **Anforderungen**
  - Einstufung der Funktionseinheit hinsichtlich Kritikalität und IT-Sicherheit
  - Prüfanforderungen
    Dieses Kapitel nimmt Anforderungen allgemeiner Art an eine Prüfung auf. Beispiele hierfür sind:
    - Prüfungen sind mit Normal-, Grenz- und fehlerhaften Werten durchzuführen.
    - Prüfungen sind unter Normal- und Ausnahmebedingungen (Höchstleistungen, Komponentenausfall, usw.) durchzuführen.
    - Prüfungen sind mit Echtdaten durchzuführen.
    - Möglichst alle Ausführungsoptionen und fehlerhafte Nutzereingaben sind abzuprüfen.
- **Methoden der Prüfung**

Eine Prüfung unterteilt sich in die Abschnitte Vorbereitung, Durchführung und Auswertung. Werden die Vorbereitung und die Auswertung in der Prüfprozedur ausreichend beschrieben, so können sie hier entfallen.

Die Vorbereitung einer Prüfung umfasst z. B. die Generierung von Testdaten. Die Methoden und Vorgehensweisen hierfür werden festgelegt und, sofern nicht als bekannt voraussetzbar, beschrieben.

Methoden zur Durchführung der Prüfung sind z. B. statische Analyse, Test, Simulation, Korrektheitsbeweis, symbolische Programmausführung, Review, Inspektion. Die Methoden der Prüfungs-Durchführung werden anhand der kritikalitäts- und IT-sicherheitsbezogenen Einstufung des Prüflings, der den jeweiligen Stufen zugeordneten Maßnahmen und weiteren an ihn gestellten Qualitätsforderungen ermittelt.

Festzuschreiben sind die Art und Weise der Ergebnissicherung und -auswertung, insbesondere im Hinblick auf Wiederholung von Prüfungen. Es wird geklärt, welche Daten während und nach der Prüfung wie festzuhalten sind.

Anhang D Weitergehende Dokumente

Die Methoden und Vorgehensweisen werden hier festgelegt und beschrieben, z. B. die Nutzung von automatisierten Vergleichsroutinen, die persönliche Begutachtung, das Führen eines chronologischen Logbuchs.

- **Prüfkriterien**

  Unter diesem Gliederungspunkt werden die Kriterien jeder Prüfung genannt. Sie sind derart festzulegen, dass die Prüfung hinsichtlich ihrer erfolgreichen Durchführung bewertbar ist.
  - Abdeckungsgrad
    Es wird festgelegt, wie tief zu prüfen ist (z. B. Angabe über Pfadabdeckung), um die Tauglichkeit des Prüfgegenstands sicherzustellen. Der Abdeckungsgrad ist im allgemeinen von der Kritikalität des Prüfgegenstands abhängig.
  - Checklisten
    Hier wird ein Fragenkatalog aufgeführt, der bei den Prüfungen von Produkten und Aktivitäten abgearbeitet wird. Die nachfolgenden Prüfchecklisten sind im Minimum je – generischem – Prüfobjekt, in kritischen Fällen jedoch für einzelne Prüfobjekte zu überarbeiten, d. h. zu ergänzen. Sie sind so zu formulieren, dass mögliche Fehler mit größtmöglicher Wahrscheinlichkeit aufgedeckt werden. In den Checklisten sind die verschiedenen Fehlerquellen ausreichend abzudecken:
    - Allgemeine Kriterien wie Vollständigkeit, Produktlayout, Rechtschreibung, Konsistenz innerhalb des Prüfgegenstands, Eindeutigkeit, usw.
    - Entwicklungstechnische Kriterien wie Konsistenz zu Vorgänger- und Nachbarprodukten, Nachvollziehbarkeit, Methodenkonformität, usw.
    - Produktspezifische Kriterien wie Praktikabilität einer Anforderung, Anforderungserfüllung eines Entwurfs, Kommentierung von Code, Detaillierungsgrad einer Spezifikation, usw.
    - System- oder anwendungsspezifische Kriterien wie Erfüllung spezieller Anwenderforderungen, Einhaltung strenger Projektplandaten, Integrierbarkeit in Org-Umgebung, harmonisches Zusammenwirken mit vorhandenem (Teil-) System, usw.

    Nachfolgend sind beispielhaft einige grundlegende Fragestellungen für die Checklisten der verschiedenen Prüfgegenstände formuliert. Wie bereits oben erwähnt, bedürfen diese einer Ergänzung und projektspezifischen Interpretation. Für Prüfprodukte sind die allgemein gehaltene „Basis"-Checkliste und die entsprechende „Produkt"-Checkliste als Ausgangspunkt heranzuziehen.

    „Basis"-Checkliste für jedes zu prüfende Produkt:
    (Die folgenden Fragestellungen zeichnen sich dadurch aus, daß sie alleinig anhand des vorliegenden Prüfgegenstandes beanwortet werden können.)
    - Ist das Produkt nach dem Produktschema aufgebaut?
    - Enthält das Produkt keine Syntaxfehler (z. B. Schreibfehler)?
    - Sind in dem Produkt keine widersprüchlichen Aussagen?
    - Sind alle Aussagen in dem Produkt eindeutig formuliert?
    - Ist das Produkt vollständig?
    - Sind in dem Produkt alle nach dem Produktschema relevanten Inhalte in adäquater Ausführlichkeit vorhanden?

    (Die folgenden Fragestellungen zielen auf den Entwicklungshergang eines Produktes, d. h. andere in Beziehung stehende Produkte müssen bei der Prüfung als Input herangezogen werden.)

Anhang D Weitergehende Dokumente

- Ist das Produkt konsistent mit allen Vorgänger-Produkten, aus denen das zu prüfende Produkt hervorging?
- Ist das Produkt frei von Inkonsistenten und Widersprüchen zu „Nachbar-"Produkten, die mit ihm in Beziehung stehen?

„**Produkt**"**-Checklisten** für die einzelnen Vertreter der jeweiligen Produktklassen: (Diese Fragestellungen behandeln produkttypische Fehlerquellen, d. h. sie zielen auf den Inhalt und Besonderheiten der jeweiligen Produkte.)

- *Anwenderforderungen*
  - Sind die Anforderungen erfüllbar, und ist die Erfüllung der Anforderungen prüfbar?
  - Enthalten die Anwenderforderungen allein die vom AG gewünschten Anforderungen frei von überflüssigem Ballast?
  - Sind die Anwenderforderungen frei von versteckten Entwurfsentscheidungen?
  - Entsprechen die fachlichen Anforderungen den Angaben der Ist-Analyse?
  - Sind die Vorgaben aus der Bedrohungs- und Risikoanalyse über die Anforderungen an die IT-Sicherheit ausreichend gewährleistet?
  - Sind die Qualitätsforderungen in ihrer Gesamtheit erfüllbar, d. h. kann die gegenseitige (negative) Beeinflussung einzelner Qualitätskriterien, wie z. B. Zuverlässigkeit gegen Effizienz, kompensiert werden?
- *Systemarchitektur*
  - Ist die Systemarchitektur mit den Anwenderforderungen und den Technischen Anforderungen verträglich?
  - Deckt die Systemarchitektur alle Anwenderforderungen plausibel ab?
  - Erfüllen IT-Sicherheitskonzept und IT-Sicherheitsmodell die Anforderungen an die IT-Sicherheit und die Anforderungen aus der Bedrohungs- und Risikoanalyse?
  - Ist die Anforderungszuordnung von Anwenderforderungen auf die Elemente der Systemarchitektur eindeutig und vollständig?
  - Wurden die Vererbungsregeln bezüglich Kritikalität und IT-Sicherheitseinstufung richtig angewandt?
  - Sind die Realisierbarkeitsuntersuchungen aussagekräftig?
- *Technische Anforderungen*
  - Sind die Anforderungen erfüllbar, und ist die Erfüllung der Anforderungen prüfbar?
  - Entsprechen die Technischen Anforderungen den Absichten der Ersteller der Systemarchitektur?
  - Sind die Technischen Anforderungen frei von versteckten Entwurfsentscheidungen?
  - Wurden die Vererbungsregeln bezüglich Kritikalität und IT-Sicherheitseinstufung richtig angewandt?
  - Sind die Anforderungen an die Software und Hardware ausreichend detailliert spezifiziert?

Anhang D Weitergehende Dokumente

- Sind die Entwicklungs- und SWPÄ-Umgebung vollständig und eindeutig beschrieben?
- *Schnittstellenübersicht*
  - Sind alle Schnittstellen aufgeführt?
  - Besteht Konsistenz zu den Architekturdokumenten?
- *Schnittstellenbeschreibung*
  - Sind alle in der Schnittstellenübersicht identifizierten Schnittstellen beschrieben?
  - Sind die Schnittstellen ausreichend detailliert beschrieben?
- *Integrationsplan*
  - Passen die im Integrationsplan aufgeführten Architekturelemente zu denjenigen, die im zugehörigen Architekturdokument aufgeführt sind?
  - Ist die Integrations-/Prüfumgebung verträglich mit der Entwicklungsumgebung?
  - Sind die organisatorischen und terminlichen Vorgaben mit dem Projektplan vereinbar?
- *SW-Architektur*
  - Ist der Prozessentwurf frei von Verklemmungen?
  - Ist der Zugriff auf gemeinsame Betriebsmittel ausreichend geregelt?
  - Ist der Prozessentwurf mit dem verwendeten Betriebssystem verträglich?
  - Wurden die Vererbungsregeln bezüglich Kritikalität und IT-Sicherheitseinstufung richtig angewandt?
  - Wurden konstruktive Maßnahmen entsprechend der Kritikalitätsstufe eingehalten?
  - Erfüllt die SW-Architektur die Anwenderforderungen und die Technischen Anforderungen?
- *SW-Entwurf*
  - Wurden die Realisierbarkeitsuntersuchungen überprüft?
  - Wurden konstruktive Maßnahmen entsprechend der Kritikalitätsstufe eingehalten?
  - Ist der SW-Entwurf im Sinne einer Programmiervorgabe gehalten?
- *Datenkatalog*
  - Sind die Angaben im Datenkatalog konsistent zur Datenbank-Beschreibung?
  - Besteht Konsistenz zum zentralen Datenkatalog?
- *Implementierungsdokumente*
  - Wird ein einheitlicher Modulrahmen verwendet?
  - Wurden die Programmier-/Codierstandards eingehalten?
  - Wurde der Code ausreichend und verständlich dokumentiert?
  - Ist der Prüf-plan konsistent zu den Vorgaben im QS-Plan?
  - Ist die Auswahl der Prüfgegenstände konform mit den Tailoring-Entscheidungen?
  - Sind die organisatorischen und zeitlichen Zuordnungen konsistent zum Projektplan?
- *Prüfspezifikation*
  - Deckt die Prüfspezifikation die im Prüf-plan dafür festgelegten Vorgaben und Anforderungen ab?

Anhang D Weitergehende Dokumente

- Wird gegebenenfalls die Prüfung der Schnittstellen in der Prüfspezifikation behandelt?
- Entsprechen die Prüfmethoden der dem Prüfgegenstand zugeordneten Kritikalitätsstufe bzw. seiner IT-Sicherheitseinstufung?
- Sind die vorgegebenen Prüfkriterien objektiv entscheidbar?
- *Prüfprozedur*
  - Ist die Prüfprozedur für kritische Komponenten ausreichend detailliert und genau verfasst?
- *Projekthandbuch*
  - Sind die Tailoring-Entscheidungen eindeutig und sind diese nachvollziehbar dokumentiert?
- *Projektplan*
  - Ist die Terminplanung frei von Verklemmungssituationen?
  - Ist der Auslastungsgrad der Einsatzmittel (Personal und Ressourcen) kleiner als 100 Prozent?
  - Sind die Inhalte des Projektplans verträglich mit den Vorgaben und Verfahren im Projekthandbuch, KM-Plan und QS-Plan?
- *KM-Plan*
  - Berücksichtigt der KM-Plan die besonderen Konfigurationserfordernisse des Projekts?
  - Werden sowohl Vorgaben bzgl. der Identifikation von Software als auch von Hardware getroffen?
- *„Aktivitäten"-Checkliste* für jede zu prüfende Aktivität:
  - Wird die Aktivität entsprechend den relevanten Verfahrensvorschriften ausgeführt?
  - Werden die geltenden Projektstandards eingehalten?
  - Werden bei der Durchführung der Aktivität die Rollen angemessen verteilt?
- Endekriterien

Endekriterien benennen Bedingungen, unter denen die Prüfung als erfolgreich abgeschlossen betrachtet werden kann. In diesem Gliederungspunkt werden sowohl Endekriterien einer erfolgreichen Prüfung (z. B. die geforderte Genauigkeit ist mit einer maximalen Abweichung von $+/-0.0005$ erfüllt) als auch einer nicht bestandenen Prüfung (z. B. Meldung „Überlauf", „Division durch Null", „Speichermedium voll") genannt.

- **Prüffälle**
  - Prüffallbeschreibung
    Es wird beschrieben,
    - was (Funktion, Genauigkeit, usw.) zu prüfen ist,
    - welche Ausgangssituation hierfür erforderlich ist,
    - welche Eingaben (Daten und Signale mit allen für die Prüfung ausschlaggebenden Eigenschaften wie Zeitbedingungen) notwendig sind und
    - welche Ergebnisse (Ausgabedaten und Reaktionen/Effekte) zu erwarten sind.

Mit den hier aufgeführten Prüffällen müssen die o. g. Endekriterien ausreichend erfüllbar und entscheidbar sein.

- Abdeckungsmatrix
  Diese Matrix dokumentiert die Abdeckung der Anforderungen an den Prüfgegenstand durch die einzelnen Prüffälle.
  - Architektur-Elemente und Schnittstellen
    Dieses Kapitel enthält eine Dokumentation der Abdeckung von architektonischen Elementen des Prüflings (z. B. Überdeckung von integrierten Bausteinen durch SW-Module, externe und interne Schnittstellen usw.) und von Code-Elementen (z. B. Zweig-, Bedingungs-, Pfadüberdeckung) durch die Prüffälle.
    Wichtig ist, dass die Prüfungen der Schnittstellen durch entsprechende Prüffälle bei den einzelnen Prüfgegenständen ausreichend mit abgedeckt werden.
  - Fachliche und technische Anforderungen
    Dieses Kapitel enthält eine Dokumentation der Abdeckung von fachlichen und technischen Anforderungen (z. B. durch Abdeckung von Äquivalenzklassen und Grenzwerten oder von Zeit- und Mengenanforderungen) durch die Prüffälle.

D.1.4 Prüfprozedur

Die Prüfprozedur ist eine Arbeitsanleitung, die exakte Anweisungen für jede einzelne Prüfung enthält. Hier sind die einzelnen Schritte der Prüfung definiert. Ebenfalls festgelegt sind die erwarteten Prüfergebnisse sowie Vorschriften zur Prüfungsvor- und -nachbereitung.

Die Prüfprozedur wird für „lauffähige" Prüfgegenstände erstellt, d. h. für das System, für Segmente, für HW-Einheiten und SW-Einheiten, für SW-Komponenten, SW-Module und Datenbanken. Rein physikalisch kann die Prüfprozedur für diese Prüfgegenstände zusammen mit der jeweiligen Prüfspezifikation gehalten werden.

- **Identifikation von Prüfgegenstand und Prüffall**

Dieser Gliederungspunkt stellt den Bezug zur Prüfspezifikation und zum Prüf-plan her. Der Prüfgegenstand wird anhand des KM-Bezeichners (mit gültiger Version) identifiziert.

- **Arbeitsanleitung**
  - Vorbereitung (Beschreibung des Ausgangszustandes)
    - Voraussetzungen
      Es wird beschrieben, wie die Prüfvoraussetzungen beschaffen sind und der geforderte Ausgangszustand für die Prüfung herzustellen ist (Vorbereitung der Prüfumgebung, Datenträger zur Testdatenerfassung, freier Speicherplatz, usw.).
    - Konfiguration
      Es wird beschrieben, wie der Prüfgegenstand zu konfigurieren ist (aus SW-Modulen, Datenbanken, SW-Komponenten, SW-Einheiten/HW-Einheiten, Segmenten, Stubs und Dummies) und zu installieren ist und wie er mit der Prüfumgebung in Verbindung steht. Es ist anzumerken, welche Zustände oder Daten zu generieren sind und ob Initialisierungen durchzuführen sind.
  - Durchführung
    Bei der Beschreibung der Prüfungsdurchführung wird auf jeden einzelnen Prüfschritt (x = 1..n) eingegangen.
    - Schritt (x)

Die Handgriffe und Interaktionen werden für jeden Schritt beschrieben; insbesondere ist auf Zustand der Hardware/des Geräts, Einstellungen des Prüfers an Geräten, Reihenfolge der Eingaben, usw. einzugehen. Bei automatisierten Prüfungen ist der Prüfablauf zu beschreiben (z. B. Emulatorprozedur für Modultest).

- Nachbereitung
  - Ergebnissicherung
    Es wird beschrieben, welche Prüfergebnisse wie zu dokumentieren sind: auf Papier, Datenträger, o. ä.
  - Ergebnisauswertung
    Es wird spezifiziert, in welcher Art (von Hand, werkzeugunterstützt, usw.) und unter welchen Gesichtspunkten und Bedingungen die Ergebnisauswertung durchgeführt werden soll. Die erwarteten Prüfergebnisse (Soll-Daten) befinden sich in der Prüfspezifikation.

D.1.5 Prüfprotokoll

Das Prüfprotokoll enthält die vom Prüfer verfassten Aufzeichnungen über den Verlauf der Prüfung, vor allem die Gegenüberstellung von erwartetem und erzieltem Ergebnis. Diese Aussagen werden im Rahmen der Auswertung um Analysen über mögliche Ursachen des Fehlverhaltens und um vorgeschlagene Maßnahmen ergänzt.

Das Prüfprotokoll existiert je Prüfgegenstand und je Prüfung.

- **Identifikation der Prüfung**
  - Bezug zu Prüf-plan, Prüfgegenstand, Prüfspezifikation und Prüfprozedur
    Das Prüfprotokoll bezieht sich auf eine konkrete Prüfung und somit auf eine eindeutig definierte Version von Prüfgegenstand, Prüfspezifikation und Prüfprozedur.
  - Angaben zur Durchführung
    Es werden Angaben zu Prüfer, Ort, Datum und Zeit gemacht und der Ausgang der Prüfung (Produkt „akzeptiert" oder „in Bearb.") festgehalten.
- **Ergebnisse**

Die durch die Prüfung ermittelten Ist-Ergebnisse werden festgehalten. Die End- und Zwischenergebnisse und gegebenenfalls weitere notwendige Informationen werden in chronologischer Folge aufgezeichnet.

Die erwarteten Soll-Ergebnisse aus dem Produkt „Prüfspezifikation" (Gliederungspunkt 5.1) werden aufgelistet.

- **Auswertung**
  - Ergebnisauswertung und -beurteilung
    Abweichungen der Ergebnisse werden festgehalten und deren Einfluß auf die Funktionstüchtigkeit des Systems beurteilt. Die möglichen Fehlerursachen werden genannt. Gegebenenfalls werden Folgemaßnahmen und Empfehlungen ausgesprochen, insbesondere Lösungs- und Korrekturmöglichkeiten.
    Wird bei der Durchführung der Prüfung festgestellt, dass spezifizierte Prüffälle fehlerhaft sind (z. B. erwartetes Ergebnis falsch oder Anforderung nicht erfüllbar), so sind diese Prüffälle an dieser Stelle zu nennen und gegebenenfalls eine separate Problemmeldung zu verfassen.

- Entwicklungstrends bezüglich Auftreten von Mängeln
Zeigt sich aus den Prüfresultaten ein bestimmter Trend im Auftreten gleichartiger Mängel, so sind diesbezügliche Vermutungen zu dokumentieren und gegebenenfalls Gegenmaßnahmen vorzuschlagen. Diese Informationen fließen ein in das QS-Berichtswesen.

D.2 IEEE Standard for Software Test Documentation (IEEE 829-1983)

D.2.1 *Test Documentation (Overview)*
- Test Plan,
- Test Design Specification,
- Test Case,
- Test Procedure,
- Test Item Transmittal Report,
- Test Record,
- Test Log,
- Test Incident Report,
- Test Summary Report,

D.2.2 *Test Documentation*
1. Introduction
    1.1. Scope
    1.2. References
    1.3. Definitions and acronyms
    1.4. Responsibilities
2. Standard / procedure description
    2.1. Test plan
        2.1.1. Purpose
            2.1.1.1. Software life cycle context
            2.1.1.2. Use
        2.1.2. Format & content
            2.1.2.1. Cover page
            2.1.2.2. Page marking
            2.1.2.3. Identification and Purpose (section 1)
            2.1.2.4. Introduction (section 2)
            2.1.2.5. Test Items (section 3)
            2.1.2.6. Features to be tested (section 4)
            2.1.2.7. Features not to be tested (section 5)
            2.1.2.8. Approach (section 6)
            2.1.2.9. Item pass/fail criteria (section 7)
            2.1.2.10. Suspension criteria & resumption requirements (section 8)
            2.1.2.11. Test deliverables (section 9)
            2.1.2.12. Testing tasks (section 10)
            2.1.2.13. Environmental needs (section 11)

2.1.2.14. Responsibilities (section 12)
2.1.2.15. Staffing & training needs (section 13)
2.1.2.16. Schedule (section 14)
2.1.2.17. Risks & contingencies (section 15)
2.1.2.18. Approvals (section 16)

2.2. Test Design specification

2.2.1. Purpose

2.2.2. Software life cycle context

2.2.3. Use

2.2.4. Format & content

2.2.4.1. Cover page

2.2.4.2. Page marking

2.2.4.3. Identification and Purpose (section 1)

2.2.4.4. Features to be tested (section 2)

2.2.4.5. Testing approach (section 3)

2.2.4.6. Test identification (section 4)

2.2.4.7. Feature pass/fail criteria (section 5)

2.3. Test case

2.3.1. Purpose

2.3.2. Software life cycle context

2.3.3. Use

2.3.4. Format & content

2.3.4.1. Cover page

2.3.4.2. Page marking

2.3.4.3. Identification and Purpose (section 1)

2.3.4.4. Test items (section 2)

2.3.4.5. Input specifications (section 3)

2.3.4.6. Output specifications (section 4)

2.3.4.7. Environmental needs (section 5)

2.3.4.8. Special procedural requirements/rules (section 6)

2.3.4.9. Intercase dependencies (section 7)

2.4. Test Procedure specification

2.4.1. Purpose

2.4.2. Software life cycle context

2.4.3. Use

2.4.4. Format & content

2.4.4.1. Cover page

2.4.4.2. Page marking

2.4.4.3. Identification and Purpose (section 1)

2.4.4.4. Purpose (section 2)

2.4.4.5. Special requirements (section 3)

2.4.4.6. Procedure steps (section 4)

2.5. Test Item Transmittal report

2.5.1. Purpose

2.5.2. Software life cycle context

2.5.3. Use

2.5.4. Format & content

2.5.4.1. Cover page

2.5.4.2. Page marking

2.5.4.3. Identification (section 1)

2.5.4.4. Transmitted Items (section 2)

2.5.4.5. Location (section 3)

2.5.4.6. Status (section 4)

2.5.4.7. Approvals (section 5)

2.6. Test log

2.6.1. Purpose

2.6.2. Software life cycle context

2.6.3. Use

2.6.4. Format & content

2.6.4.1. Cover page

2.6.4.2. Page marking

2.6.4.3. Identification (section 1)

2.6.4.4. Description (section 2)

2.6.4.5. Activity & event entries (section 3)

2.7. Test incident report

2.7.1. Purpose

2.7.2. Software life cycle context

2.7.3. Use

2.7.4. Format & content

2.7.4.1. Cover page

2.7.4.2. Page marking

2.7.4.3. Identification (section 1)

2.7.4.4. Summary (section 2)

2.7.4.5. Incident description (section 3)

2.7.4.6. Impact (section 4)
2.8. Test Summary report
2.8.1. Purpose

2.8.2. Software life cycle context

2.8.3. Use

2.8.4. Format & content

    2.8.4.1. Cover page

    2.8.4.2. Page marking

    2.8.4.3. Identification (section 1)

    2.8.4.4. Summary (section 2)

    2.8.4.5. Variances (section 3)

    2.8.4.6. Comprehensive assessment (section 4)

    2.8.4.7. Summary of results (section 5)

    2.8.4.8. Evaluation (section 6)

    2.8.4.9. Summary of activities (section 7)

    2.8.4.10. Approvals (section 8)

D.3 IEEE Guide for Software Quality Assurance Planning

Inhalt eines Software-Qualitätssicherung-Plans

1 Zielsetzung (Purpose)
- Betroffene Softwareprodukte
- Anwendungsbereich der Software
- Gründe für das Erstellen eines Plans

2 Referenzdokumente (Reference Documents)
- Vollständiges Verzeichnis der referenzierten Literatur

3 Management (Management)
- Beschreibung der Organisation, der Aufgaben und der Verantwortlichkeiten

3.1 Organisation (Organizetion)
- Organisatorische Einheiten, die einen Einfluß auf die SW-Qualität besitzen
- Organisatorische Einheit, die für die Produktfreigabe verantwortlich ist
- Organisatorische Einheit, die den Plan genehmigt.

3.2 Aufgaben (Tasks)

Beschreibung aller Aufgaben, die im Rahmen der Software-Qualitätssicherung durchzufahren sind.

3.3 Verantwortlichkeiten (Responsibillties)

Anhang D Weitergehende Dokumente

Angabe der organisatorischen Einheiten, die für die Durchführung der genannten Aufgaben verantwortlich sind.

4 Dokumentation (Docu entatlpn)

4.1 Zielsetzung (Purpose)

Angabe aller Dokumente, die im Rahmen von Entwicklung, Qualitätsprüfung, Betrieb und Wartung erstellt werden.

4.2 Geforderte Minimal-Dokumentatlon (Minimum Documentatlon Requirements)

4.2.1 Software Requirements Specifications

4.2.2 Software Design Description

4.2.3 Software Verification and Validation Plan
- Beschreibung der verwendeten Review-, Analyse und Testmethoden

4.2.4 Software Verification and Validation Report
- Beschreibung der Ergebnisse, die im Rahmen von 4.2.3 zu erstellen sind

4.2.5 User Documentation

4.3 Andere Dokumentation (Other Documentation)

4.3.1 Software-Entwicklungsplan (Software Development Plan)

4.3.2 Software Configuration Management Plan
- Versionsverwaltung
- Änderungskontrolle

4.3.3 Projektstandards (Standard ahd Procedures Manual)

4.4 Zusätzliche Dokumentation (Addltlonal Suggested Docu mentatlon)

4.4.1 Lastenheft des Auftraggebers (User Requirements Statement)

4.4.2 Externe Schnittstellenspezifikation (External Interface Specification)

4.4.3 Interne Schnittstellenspezifikation (internal Interface Specification)

4.4.4 Operator-Handbuch (Operations Manual)
- z. B. Sicherungs- und Restartverfahren

4.4.5 Installationshandbuch (Installation Manual)

4.4.6 Wartungshandbuch (Maintenance Manual)
- z. B. Prozeduren zum Lokalisieren von Fehlern

4.4.7 Schulungshandbuch (Training Manual)

4.4.8 Schulungsplan (Training Plan)

5 Richtlinien (Standards, Practices and Conventions)

5.1 Zielsetzung (Purpose)
- Angabe aller zu berücksichtigen Richtlinien und der Phasen, in denen sie angewendet werden sollen.

5.2 Inhalt (Context of Sections)

5.2.1 Richtlinien der Definitionsphase

5.2.2 Richtlinien der Entwurfsphase

5.2.3 Richtlinien der Implementierungsphase

5.2.4 Richtlinien für den Programmtext

5.2.5 Sonstige Richtlinien

6 Reviews und Prüfungen (Reviews and Audits)

6.1 Zielsetzung (Purpose)
- Angabe aller Reviews und Prüfungen und Festlegung ihrer technischen Durchführung.

6.2 Minimal-Anforderungen (Minimum Requirements)

6.2.1 Review der Anforderungsdefinition (Software Requirements Review)

6.2.2 Review der Systemspezifikation (Preliminary Design Review)

6.2.3 Review des Feinentwurfs (Critical Design Review)

6.2.4 Review des 'Software Verification and Validation Plan' (Software Verification and Validation Review)

6.2.5 Abnahme 1. Teil (Functional Audit) Prüfung des Softwareprodukts gegen die Anforderungsdefinition

6.2.6 Abnahme 2. Teil (Physical Audit) Prüfung des Softwareprodukts gegen die Benutzerdokumentation

6.2.7 Projektbegleitende Prüfungen (in -Process -Audits)
- Teile des Softwareentwurfs werden auf Konsistenz geprüft

6.2.8 Manager Reviews (Managerial Reviews)
- Reviews, um die Wirksamkeit des SW-QS-Plans zu überprüfen

Anhang D Weitergehende Dokumente

6.3 Sonstige Reviews (Other Reviews)

6.3.1 Review der Benutzerdokumentation

7 Software Conflguration Management

Beschreibung der Methoden zur Versionsverwaltung und zur Änderungskontrolle

8 Fehler-Berichtswesen (Problem Reporting and Corrective Actlon)
- Sicherstellen, daß alle Fehler dokumentiert werden
- Feedback zum Entwickler herstellen
- Daten für die Beurteilung der Qualität bereitstellen

9 Werkzeuge, Techniken und Methoden (Tools, Techniques and Methodologies)

9.1 Werkzeuge (Tools)

9.2 Techniken (Techniques)

9.3 Methoden (Methodologies)

10 Produktverwaltung (Code Controt)

Methoden und Werkzeuge zur systematischen Abspeicherung der einzelnen Softwarekomponenten.

Realisierung durch eine Projektbibliöthek

11 Zugriffsschutz (Media Controi)

11.1 Nichtautorisierter Zugriff (Unauthorized Access)

11.2 Versehentliches Zerstören (Inadvertent Demage or Degratlon)

12 Lieferanten-Kontrolle (Suppller Control)
- Einhaltung des SW-QS-Plans durch alle Zulieferer sicherstellen

13 Aufbewahrung von QS-Dokumentation (Records Collectlon, Maintenance and Retentlon)

13.1 Spezifizieren der QS-Dokumentatlon (Records Collectlon)

Nachweis, daß der Softwareentwicklungsprozeß sinnvoll und entsprechend des SW-QS-Plans durchgeführt wurde

13.2 Ablage der QS-Dokumentatlon (Records Malntenance)

13.3 Aufbewahrungsdauer (Records Retention)

13.4 Organisatorische Verantwortlichkeit (Organizatlonal Responsiblltles)

– Spezifizieren der organisatorischen Einheit, die für die QS-Dokumentation verantwortlich ist.

D.4 Regeln für die Implementierung

Die nachfolgend angegebenen Regeln basieren auf [Reinert99] und stammen aus dem Bereich sicherheitsbezogener Software.

D.4.1 Regeln für die Kodierung
- Vermeiden von Tricks
- Wertebereichsüberprüfung aller Eingangsvariablen
- Einbau von Plausibilitätsprüfungen
- Gleiche Variablen nicht für unterschiedliche Zwecke
- Disziplinierter Umgang mit Zeigern
- Variablen bevorzugt lokal deklarieren
- Bevorzugung der Übersichtlichkeit vor der Effizienz
- Echtzeiteinflüsse minimieren, keine unnötige Verwendung von Interrupts
- Ermitteln der Zeitgrenzen und Dokumentation von Interrupts
- Vermeidung von geschachtelten Interrupts
- Sperrung von Interrupts in kritischen Programmteilen
- Beschränkung der Modulgröße auf zwei Seiten Quelltext
- Geheimnisprinzip („Black-Box"-Prinzip) beachten
- Begrenzung der Schachtelungstiefe von Modulen
- Eigener Modulkopf pro Modul mit „wer, wann, was, warum und wie"
- Erstellung von Crossreferenzlisten für Dateien
- Deklaration aller Konstanten und Variablen und Initialisierung aller Variablen
- Kommentierung von unbekannten Anweisungen, Anweisungsfolgen und Datenstrukturen
- Kommentierung der Abschlüsse bei WHILE, FOR, IF und WITH
- Kommentierung besonderer Algorithmen oder anderer Besonderheiten
- Kommentierung mit Bezug zur Aufgabenstellung
- Einrückungen zur Verdeutlichung der Programmstruktur
- Besondere Kennzeichnung von Änderungen
- Klare Abbruchbedingungen in Schleifen
- Alle Bedingungen von Schleifenanweisungen austesten
- Rekursionen nur bei einer Analyse des maximale benötigten Speicherbereichs

D.4.2 Regeln und Einschränkungen im Sprachumfang für die Sprache C
- Einsatz eines Syntax-Checkers
- Gemeinsame include-Datei pro Projekt
- Zyklomatische Zahl für Funktionen möglichst kleiner 10
- Verwendung von Prototypen zur Funktionsdeklaration
- Benutzungsverbot der Funktionen: setjmp, longjmp, offsetof und signal
- Benutzungsverbot der Funktionen: system, #pragma, volatile und register
- Keine variable Argumentenanzahl bei Funktionen

- Nur ein return pro Funktion
- Eine implizite Typkonvertierung in C ist verboten
- Verbot der CAST-Konvertierung bei Elementen unterschiedlicher Speicherlänge
- Verbot der Pointer-Schachtelungen größer 2
- Verbot des Vergleichs von Zeigern
- „exit" nur im Fehlerfall verwenden

D.4.3 Programmierleitfaden für die Assemblerprogrammierung

- Makros für häufig verwendete Prozeduren
- Vollständige Verzweigungbedingungen
- Stacküberlauf bzw. -unterlauf verhindern
- Tabellen statisch fest vorgeben
- Sgementumschaltungen strukturieren
- Errata-Sheet des Mikroprozessors beachten
- Eiheitlicher Modulaufruf
- Rücksprung bei Modulende hinter den Aufrufpunkt
- Beschränkte Modulgröße
- Keine Verwendung undokumentierter Befehle
- Sprungbefehle im Sinne strukturierte Programmierung verwenden
- Sonderbefehle einzelner Prozessoren vermeiden

D.5 NISTIR 4906 „SQ-Assurance: Documentation and Reviews"

Bei den folgenden Kapiteln handelt es sich um einen Auszug aus NISTIR 4906 „Software Quality Assurance: Documentation and Reviews"

D.5.1 The Review Process

Management reviews formally evaluate a project plan or project status relative to that plan. Management reviews have two purposes. The first is to ensure the adequacy and completeness of each planning document (e.g., PMP, SQAP, SCMP, SVVP, and Test Plans) for meeting project requirements. The second is to ensure that project activities are progressing according to the planning documents, identify the need for corrective action to the plan or the project, and ensure proper allocation of resources. All problems are documented. The results of the management reviews are summarized in a management review report which are auditable and traceable to and from the appropriate planning documents.

In contrast, the formal technical review examines the product, and the results of any assurance activities already conducted on the product. The purpose of technical reviews is to evaluate the software elements (e.g., SRS, software design description (SDD)) to ensure conformity to its specifications, compliance of the development of the software elements with its plans, and the integrity of changes to the software elements. The results of the technical reviews are summarized in technical review reports which are auditable and traceable to and from the appropriate planning documents. Success of a technical review requires that all participants carefully examine the inputs to the technical review prior to the review meeting. Section B.1.1 presents an outline of the management review process; section B.1.2 presents an outline of the technical review process. The descriptions of management and technical reviews are based on [IEEE1028].

In both the management and technical reviews, experts on specific topics (e.g., design experts for design reviews) should be present to lend their expertise to the review.

D.5.1.1 Management Reviews

Responsibilities. The review leader performs the administrative functions of the review and issues the management review report. Review team members are expected to be prepared for the meeting and ensure that the review objectives are met.

Inputs. Objectives of the review; list of issues to discuss; the specific planning document; current project schedule and cost data; reports from previously completed reviews; reports on project resources; and, data on complete or in progress software elements.

Entry Criteria. The need for conducting management reviews is specified in the appropriate project planning documents. Other management reviews may also be conducted upon request. The management review is performed when the review leader establishes/confirms the review objectives and determines that all necessary documents are available.

Procedures. The review leader and project manager plan for the review by identifying the review team, scheduling a time and place for the review, and distributing all inputs to the review team. An overview of the project is conducted for the review team by a qualified project member. Each review team member studies the inputs and prepares presentations for the review team. The management review consists of the review team:

- Assessing adequacy and completeness of the planning documents (initial review).
- Determining whether or not the project status corresponds to the planning document under review, and recording any deviations.
- Determining whether or not factors not originally considered are constraining the planning document under review.
- Listing issues and recommendations to be addressed by upper management and/or others who affect the project.
- Recommending actions to follow the review, and authorization for additional reviews and audits.
- Identifying other issues that need to be addressed.

Exit Criteria. The management review is complete once the review objectives have been addressed and the management review report has been issued.

Output. The management review report identifies: the project; the review team; review inputs; review objectives; action items; list of issues and recommendations; and, recommendations for additional reviews and information necessary to complete them. (The procedures for closing action items should be part of a plan.)

D.5.1.2 Technical Reviews

Responsibilities. The review leader performs the administrative functions of the review and issues the technical review report. The recorder documents the findings, decisions, and recommendations of the review team. Review team members are expected to be prepared for the meeting and ensure that the review objectives are met. Recommendations made by the review team should be such that management can act on them quickly. Management is responsible for responding to recommendations promptly.

Inputs. Objectives of the review; software element being reviewed; the software element's specifications; results of any assurance activities; any other necessary documentation.

Entry Criteria. The need for conducting technical reviews is specified in the project planning documents. Other technical reviews may also be conducted upon request. The technical review is performed when the review objectives are established, the individuals responsible at the review for the software element are prepared for the review, and the review leader determines the software element is sufficiently complete. Preparation may require considerable time spent in privately examining the inputs.

Procedures. The review leader plans for the review by identifying the review team, schedules a time and place for the review, and distributes all inputs to the review team. An overview of the project is conducted for the review team by a qualified project member. Each review team mem-

ber studies the software element and related materials. The technical review consists of the review team:
- Determining whether or not the software element corresponds to the specifications and standards to which it must adhere, and recording any deviations.
- Listing issues, recommendations, and responsible individuals for resolving the issues.
- Identifying other issues that need to be addressed.
- Documenting the meeting, deficiencies found it the software element, and recommendations for management (the review leader determines whether or not an additional review should be performed on reworked software elements).

Exit Criteria. The technical review is complete once the review objectives have been addressed and the technical review report has been issued.

Output. The technical review report identifies: the review team; the software element; review inputs; the software element's unresolved deficiencies; list of management issues; action items; and, recommendations for unresolved issues deficiencies.

V&V activities should be performed prior to the formal review of the product of each of the lifecycle phases. The reviewer during development checks that these activities have been performed, and uses the resulting reports to answer the questions in the checklists below.

D.5.2 Checklists for Formal Reviews

Formal reviews may include reviewing SQA, SV&V, and SCM results in order to examine the product. This review may also help detect whether or not these activities were performed in accordance with their respective plans. The checklists below provide a guideline for reviewing both the product and plans for assurance activities. These checklists are not necessarily complete; at any time the reviewer during development may need to expand upon a given topic. In all checklists, negative answers require further examination by the reviewers.

D.5.2.1 Software Requirements Review

The following checklist contains questions a reviewer during development ask at the software requirements review based on [IEEE1028], [STARTS], [SOFTENG], [EWICS2], [IEEEP1059], [HHSFDA], [BIRRELL], and [ANS104].

D.5.2.1.1 Compatibility
- Do the interface requirements enable compatibility of external interfaces (hardware and software)?

D.5.2.1.2 Completeness
- Does the SRS contain everything listed in the corresponding documentation content? Does it include all requirements relating to functionality, performance, constraints, safety, etc.?
- Does SRS include all user requirements (as defined in the concept phase)?
- Do the functional requirements cover all abnormal situations?

- Have the temporal aspects of all functions been considered?
- Are the time-critical functions identified and the time criteria for them specified? Do these include the maximum and minimum times for their execution?
- Does SRS define those requirements for which future changes are anticipated?
- Are all normal environmental variables included?
- Are the environmental conditions specified for all operating modes (e.g., normal, abnormal, disturbed)?

D.5.2.1.3 Consistency

- Is there internal consistency between the software requirements?
- Is the SRS free of contradictions?
- Are the specified models, algorithms, and numerical techniques compatible?
- Does SRS use standard terminology and definitions throughout?
- Is SRS compatible with the operational environment of the hardware and software?
- Has the impact of software on the system and environment been specified?
- Has the impact of the environment on the software been specified?

D.5.2.1.4 Correctness

- Does the SRS conform to SRS standards?
- Are algorithms and regulations supported by scientific or other appropriate literature?
- What evidence is there that shows vendor has applied the regulations correctly?
- Does the SRS define the required responses to all expected types of errors and failure modes identified by the hazard analysis?
- Were the functional requirements analyzed to check if all abnormal situations are covered by system functions?
- Does SRS reference desired development standards?
- Does the SRS identify external interfaces in terms of input and output mathematical variables?
- Are the requirements for the man-machine interface adequate?
- What is the rationale for each requirement? Is it adequate?
- Is there justification for the design/implementation constraints?

D.5.2.1.5 Feasibility

- Will the design, operation, and maintenance of software be feasible?
- Are the specified models, numerical techniques, and algorithms appropriate for the problem to be solved? Are they accepted practice for nuclear power plants? Can they be implemented within the imposed constraints?
- Are the quality attributes specified achievable individually and as a group?

D.5.2.1.6 Modifiability

- Are requirements organized so as to allow for modifications (e.g., with adequate structure and cross referencing)?

- Is each unique requirement defined more than once? Are there any redundant statements?
- Is there a set of rules for maintaining the SRS for the rest of the software lifecycle?

D.5.2.1.7 Robustness

- Are there requirements for fault tolerance and graceful degradation?

D.5.2.1.8 Traceability

- Is there traceability from the next higher level spec (e.g., system concept/requirements and user needs as defined in concept phase, and system design)?
- Does the SRS show explicitly the mapping and complete coverage of all relevant requirements and design constraints defined in the concept phase, by such means as a coverage matrix or cross-reference?
- Is SRS traceable forward through successive development phases (e.g., into the design, code, and test documentation)?
- Are safety functions or computer security functions flagged?

D.5.2.1.9 Understandability

- Does every requirement have only one interpretation?
- Are the functional requirements in modular form with each function explicitly identified?
- Is there a glossary of terms?
- Is formal or semiformal language used?
- Is the language ambiguous?
- Does the SRS contain only necessary implementation details and no unnecessary details? Is it over specified?
- Are the requirements clear and specific enough to be the basis for detailed design specs and functional test cases?
- Does the SRS differentiate between program requirements and other information provided?

D.5.2.1.10 Verifiability/Testability

- Are the requirements verifiable (i.e., can the software be checked to see whether requirements have been fulfilled)?
- Are mathematical functions defined using notation with precisely defined syntax and semantics?
- Is there a verification procedure defined for each requirement in the SRS?

D.5.2.2 Software Design Review

Reviewers should be able to determine whether or not all design features are consistent with the requirements. Numerical techniques and algorithms should be appropriate for the problem to be solved. The program design needs to be partitioned in a manner consistent with the problem to be solved. And, the program should meet the requirements. The following checklist contains questions a reviewer during development may ask at the software design review based on [SOF-TENG], [IEEE1028], [IEEEP1059], and [ANS104].

D.5.2.2.1 Completeness

- Are all the items listed in section 4.6.1. addressed in the SDD?
- Are the SRS requirements fulfilled?
- Is there enough data (logic diagrams, algorithms, storage allocation charts, etc.) available to ensure design integrity?
- Are algorithms and equations adequate, accurate, and complete?
- Are requirements for the support and test software and hardware to be used in the development of the product included?
- Does the design implement required program behavior with respect to each program interface?
- Are all program inputs, outputs, and database elements identified and described to the extent needed to code the program?
- Does the SDD describe the operational environment into which the program must fit?
- Are all required processing steps included?
- Are all possible outcomes of each decision point designated?
- Does the design take into account all expected situations and conditions?
- Does the design specify appropriate behavior in the face of unexpected or improper inputs and other anomalous conditions?
- Does the SDD reference all desired programming standards?

D.5.2.2.2 Consistency

- Are standard terminology and definitions used throughout the SDD? Are the style of presentation and the level of detail consistent throughout the document.
- Does the design configuration ensure integrity of changes?
- Is there compatibility of the interfaces?
- Is the test documentation compatible with the test requirements of the SRS?
- Is the SDD free of internal contradictions?
- Are the models, algorithms, and numerical techniques that are specified mathematically compatible?
- Are input and output formats consistent to the extent possible?
- Are the designs for similar or related functions consistent?
- Are the accuracies and units of inputs, database elements, and outputs that are used together in computations or logical decisions compatible?

D.5.2.2.3 Correctness

- Does the SDD conform to design documentation standards?
- Does the design perform only that which is specified in the SRS unless additional functionality is justified?
- Is the test documentation current and technically accurate?

- Is the design logic sound -- will the program do what is intended?
- Is the design consistent with documented descriptions and know properties of the operational environment into which the program must fit?
- Do interface designs agree with documented descriptions and known properties of the interfacing elements?
- Does the design correctly accommodate all inputs, outputs, and database elements whose format, content, data rate, etc. are not at the discretion of the designer?

D.5.2.2.4 Feasibility

- Are the specified models, algorithms, and numerical techniques accepted practices for use within nuclear power plants?
- Can they be implemented within the constraints imposed on the system and on the development effort?
- Are the functions as designed implementable within the available resources?

D.5.2.2.5 Modifiability

- Does the design use information hiding as follows:
- The modules are organized such that changes in the requirements only require changes to a small number of modules.
- Functions and data structures likely to changes have interfaces insensitive to changes in individual functions.
- The design partitions data structure access, database access and I/O access from the application software by the use of access programs (globally accessible data is not used).
- Functionality is partitioned into programs to maximize the internal cohesion of programs and to minimize program coupling.
- Does each program have a single function?

D.5.2.2.6 Modularity

- Is there a schema for modularity, e.g., model-based?
- Is the design structured so that it comprises relatively small, hierarchically related programs or sets of programs, each performing a particular, unique function?
- Does the design use specific criteria to limit program size?

D.5.2.2.7 Predictability

- Does the design contain programs which provide the required response to identified error conditions?
- Does the design schedule computer resources in a manner that is primarily deterministic and predictable rather than dynamic?
- Does the design contain a minimum number of interrupts and event driven software? Is justification given for uses of these features?

- Is plausibility checking performed on the execution of programs to uncover errors associated with the frequency and/or order or program execution and the permissiveness of program execution?

D.5.2.2.8 Robustness
- Are all SRS requirements related to fault tolerance and graceful degradation addressed in the design?
- Structuredness
- Does the design use a logical hierarchical control structure?

D.5.2.2.9 Traceability
- Does the SDD show mapping and complete coverage of all requirements and design constraints in the SRS?
- Are all functions in the SDD outside the scope of the SRS identified?
- Are all functions identified so they can be uniquely reference by the code?
- Does the SDD contain or reference a revision history which identifies all modifications to the design and the rationale for these changes?
- Does the SDD reference the design notes which document design decisions relevant to the software design?
- Have safety and computer security functions been flagged?

D.5.2.2.10 Understandability
- Does the SDD avoid unnecessarily complex designs and design representations.
- Is the SDD written to allow unambiguous interpretation?

D.5.2.2.11 Verifiability/Testability
- Does the SDD describe each function using well-defined notation so that the SDD can be verified against the SRS and the code can be verified against the SDD?
- Are conditions, constraints identified quantitatively so that tests may be designed?

D.5.2.3 Source Code Review

The following checklist contains the kinds of questions a reviewer during development may ask at the source code review based on [SOFTENG], [ANS104], and [EWICS2].

D.5.2.3.1 Completeness
- Is the code a complete and precise implementation of the design as documented in the SDD?
- Was the code integrated and debugged to satisfy the design specified in the SDD?
- Does the code create the required databases, including the appropriate initial data?
- Are there any unreferenced or undefined variables, constants, or data types?

D.5.2.3.2 Consistency

- Is the code logically consistent with the SDD?
- Are the same format, invocation convention, and structure used throughout?

D.5.2.3.3 Correctness

- Does the code conform to specified standards?
- Are all variables properly specified and used?
- Are all comments accurate?
- Are all programs invoked with the correct number of parameters?

D.5.2.3.4 Modifiability

- Does the code refer to constants symbolically to facilitate change?
- Are cross-references or data dictionaries included to show variable and constant access by the program?
- Does code consist of programs with only one entry point and one exit point? (exception is with fatal error handling)
- Does code reference labels or other symbolic constants rather than addresses?

D.5.2.3.5 Predictability

- Is the code written in a language with well-defined syntax and semantics:
- Was the use of self-modifying code avoided?
- Does the code avoid relying on defaults provided by the programming language?
- Is the code free of unintended infinite loops?
- Does the code avoid recursion?

D.5.2.3.6 Robustness

- Does the code protect against detectable runtime errors (e.g., range array index values, division by zero, out of range variable values, and stack overflow)?

D.5.2.3.7 Structuredness

- Is each function of the program recognizable as a block of code?
- Do loops only have one entrance?

D.5.2.3.8 Traceability

- Does the code identify each program uniquely?
- Is there a cross-reference framework through which the code can be easily and directly traced to the SDD?
- Does the code contain or reference a revision history of all code modifications and the reason for them?
- Have all safety and computer security functions been flagged?

D.5.2.3.9 Understandability

- Do the comment statements adequately describe each routine, using clear English language?
- Were ambiguous or unnecessarily complex coding used? If so, are they clearly commented?
- Were consistent formatting techniques (e.g., indentation, use of white space) used to enhance clarity?
- Was a mnemonic naming convention used? Does the naming reflect the type of variable?
- Is the valid range of each variable defined?
- Does the code use mathematical equations which correspond to the mathematical models described/derived in the SDD?

D.5.2.3.10 Verifiability

- Are implementation practices and techniques that are difficult to test avoided?

D.5.2.4 Test Readiness Review

The test readiness review is usually conducted following completion of component testing or software integration testing. The purpose is to ensure readiness to begin formal integration testing or system testing without complications, and to ensure that test documentation is complete, that errors have been removed, and that use of the test facilities has been planned properly. The following are general questions that might be asked at these reviews:

- Have recommended changes been made to the code as result of source code review or, as appropriate, component test or integration test?
- Is the error rate sufficiently low to warrant beginning the next type of testing?
- Are all test cases/procedures complete?
- Is the test facility ready? Are schedules approved, personnel and physical requirements specified?
- Have all test tools been checked?
- Have all test procedures been checked?

D.5.2.5 Test Report Review

The purpose of this review is to assure the completeness of test activities. It is usually required at the end of development (i.e., following system testing). However, it may be conducted after completion of module, integration, or system testing.

The reviewer should ask questions about whether the test objectives were met (e.g., whether all test cases were executed, whether test results matched the expected outputs, and whether the results were traceable to the test cases and software requirements). The reviewer should also inquire about the nature of major anomalies (e.g., whether there were similarities, what corrective actions were taken). The reviewer should check that the anomalies existed only in the product, and were not caused by the test cases and procedures.

Anhang D Weitergehende Dokumente

D.5.2.6 Development Documentation Review

[ASMENQA2] states that a development documentation review should be conducted following completion of the testing phase, to "assure completion and acceptability of the development documentation." Although [ASMENQA2] does not define development documentation, it is assumed that this consists of all documentation produced during the development phases of the lifecycle (e.g., requirements, design, coding). The purpose of the development documentation review seems to be checking for consistency among the development documents and to ensure that all changes have been made consistently.

D.5.2.7 Installation and Checkout Review

The following checklist contains the kinds of questions a reviewer during development may ask at the installation and checkout review based on [ANS104].

D.5.2.7.1 Completeness

- Are elements necessary for rebuilding and testing of the installed program available on the installation medium (e.g., source code, user-supplied library routines, test cases)?
- Has the vendor provided adequate information for installing the program in more than one operating environment?

D.5.2.7.2 Correctness

- Can all test cases be performed?
- Do the test cases produce results identical to the expected outputs?
- Are all results identical to previous results (when the same tests are executed more than once)? If not, are differences in results clearly understood and justified?

D.5.2.7.3 Understandability

- Are the format and content of the medium properly identified for easy reading of the files?
- Are the installation procedures clearly understandable?

Anhang D Weitergehende Dokumente

D.6 IEEE Guide to Software Requirements Specifications (SRS)

- Die SRS muss alle Software-Anforderungen korrekt definieren.
- Die SRS sollte keine Informationen über Entwurf, Verifikation oder Projektmanagement enthalten.

Qualitätsmerkmale einer guten SRS

(1) Eindeutigkeit (unambiguous)
 - Jede Anforderung erlaubt nur eine Interpretation.
 - Natürliche Sprache <-> Formate Spezifikation

(2) Vollständigkeit (compiete)
 - Die SRS enthält alle wichtigen Anforderungen bzgl. Funktionalität, Leistung, Entwurfsrestriktionen, Qualitätsmerkmalen und externen Schnittstellen.
 - Für alle gültigen und ungültigen Eingaben ist die Reaktion der Softwaresysteme beschrieben.
 - Ein vorgeschriebener SRS-Standard wird eingehalten.
 - Alle Abbildungen, Tabellen und Diagramme sind beschriftet und referenziert. Alle Begriffe und Maßeinheiten sind definiert.

(3) Prüfbarkeit (verifiable)
 - Für jede Anforderung existiert ein endlicher, kostenefffektiver Prozeß, anhand dessen eine Person oder Maschine prüfen kann, ob das Softwareprodukt diese Anforderung erfüllt.

(4) Widerspruchsfreiheit (consistent)
 - Die einzelnen Anforderungen widersprechen sich nicht.

(5) Änderbarkeit (modlfiable)
 - Notwendige Änderungen können leicht, vollständig und unter Wahrung der Widerspruchsfreiheit durchgeführt werden.
 - Die Änderbarkeit erfordert eine übersichtliche Struktur und das Vermeiden von Redundanz.

(6) Nachvoliziehbarkeit (traceable)
 - Nachvoliziehbarkeit rückwärts: jede Anforderung nennt explizit ihren Ursprung in früheren Dokumenten.
 - Nachvoliziehbarkeit vorwärts: jede Anforderug besitzt eine eindeutige Bezeichnung (Nummer).

(7) Brauchbarkeit in Betrieb und Wartung (usable during the operation and maintenance phase)
 - Änderbarkeit der SRS (vgl. (5)).
 - Die SRS sollte auch "Hintergrundinformationen' enthalten.

Aufbau und Inhalt der SRS

1 Einleitung (Introduction)

Das erste Kapitel enthält einen Überblick über die Anforderungsdefinition.

1.1 Zielsetzung (Purpose)

Skizzieren der Zielsetzung der vorliegenden Anforderungsdefinition, Spezifizieren des Leserkreises

1.2 Produktziele (Scope)

Kurzbeschreibung der Software, Beschreibung der Anwendung

1.3 Definitionen, Akronyme und Abkürzungen (Definitions, Acranyms and Abbreviations)

1.4 Referenzen (References)

Vollständige Liste der referenzierten Literatur

1.5 Überblick (Overview)

Inhaltsübersicht der Anforderungsdefinition

2 Allgemeine Beschreibung (General Description)

Das zweite Kapitel beschreibt, welche Faktoren das Softwareprodukt und seine Anforderungen beeinflussen.

2.1 Produkt-Umgebung (Product Perspective)

Beziehungen des Produkts zu anderen Produkten und Projekten

2.2 Produkt-Funktionen (Product Functions)

Obersichtliche Darstellung der Funktionen

2.3 Benutzer-Eigenschaften (User Characteristics)

Charakteristische Eigenschaften der zukünftigen Benutzer, die einen Einfluß auf die Konzeption des Produkts haben.

2.4 Allgemeine Restriktionen (General Constraints)

Allgemeine Beschreibung aller Vorschriften, welche die Konzeption des Produkts einschränken, z.B. Hardware-Restriktionen, Schnittstellen zu anderen Anwendungen, Sicherheitsvorschriften.

2.5 Annahmen und Abhängigkeiten (Assumptions and Dependencies)

Anhang D Weitergehende Dokumente

Dokumentation aller Fakten, auf denen die Anforderungsdefinition aufbaut, die jedoch NICHT zu den Restriktionen zugehören.

3 Spezifische Anforderungen (Specific Requirements)

Das dritte Kapitel enthält alle Details, die für die Erstellung des Entwurfs benötigt werden.

3.1 Funktionale Anforderungen (Functional Requirements)

Spezifizieren der Ein- und Ausgaben; Beschreiben der Verarbeitung (Normalverarbeitung und Fehlerbehandlung)

3.2 Leistungsanfgrderungen (Performance Requirements)

3.3 Entwurfsrestriktionen (Design Constraints)

Einhaltung von Standards, Hardwaregrenzen etc.

3.4 Qualitätsmerkmale (Attributes)

Alle Qualitätsmerkmale sind so zu spezifizieren, daß ihre Einhaltung objektiv geprüft werden kann.

3.5 Externe Schnittstellenanforderungen (External Interface Requirements)
- Benutzerschnittstelle
- Hardwareschnittstelle
- Softwareschnittstelle
- Kommunikationsschnittstelle

3.6 Sonstige Anforderungen (Other Requirements)

Anhang D Weitergehende Dokumente

D.7 Software Development Checklists (from Construx Software)

D.7.1 Requirements Checklist

D.7.1.1 Requirements Content
- Are all the inputs to the system specified including their source, accuracy, range of values, and frequency?
- Are all the outputs from the system specified including their destination, accuracy, range of values, frequency, and format?
- Are all the report formats specified?
- Are all the external hardware and software interfaces specified?
- Are all the communication interfaces specified including handshaking, error checking, and communication protocols?
- Is the expected response time, from the user's point of view, specified for all necessary operations?
- Are other timing considerations specified, such as processing time, data transfer, and system throughput?
- Are all the tasks the user wants to perform specified?
- Does each task specify the data used in the task and data resulting from the task?
- Is the level of security specified?
- Is the reliability specified including the consequences of software failure, vital information protected from failure, error detection, and recovery?
- Are acceptable tradeoffs between competing attributes specified, for example, between robustness and correctness?
- Is maximum memory specified?
- Is the maximum storage specified?
- Is the definition of success included? Of failure?
- Is the maintainability of the system specified, including the ability to respond to changes in the operating environment, interfaces with other software,
- accuracy, performance, and additional predicted capabilities?

D.7.1.2 Requirements Completeness
- Where information isn't available before development begins, are the areas of incompleteness specified?
- Are the requirements complete in the sense that if a product satisfies every requirement, it will be acceptable?
- Are you uneasy about any part of the requirements? Are some parts impossible to implement and included just to please your customer or boss?

D.7.1.3 Requirements Quality
- Are the requirements written in user language? Do the users think so?
- Do all the requirements avoid conflicts with other requirements?
- Do the requirements avoid specifying the design?

- Are the requirements at a fairly consistent level? Should any requirement be specified in more detail? Should any requirement be specified in less detail?
- Are the requirements clear enough to be turned over to an independent group for implementation and still be understood?
- Is each item relevant to the problem and its solution? Can each item be traced to its origin in the problem environment?
- Is each requirement testable? Will it be possible for independent testing to determine whether each requirement has been satisfied?
- Are all possible changes to the requirements specified including the likelihood of each change?

D.7.2 Design
D.7.2.1 Architecture
- Is the overall program organization clear, including a good architectural overview and justification?
- Are modules well-defined including their functionality and interfaces to other modules?
- Are all the functions that are listed in the requirements covered sensibly, neither by too many nor too few modules?
- Are all major data structures described and justified?
- Are major data structures hidden with access functions?
- Is the database organization and content specified?
- Are all key algorithms described and justified?
- Are all major objects described and justified?
- Is the user interface modularized so that changes in it won't affect the rest of the program?
- Is a strategy for handling user input described?
- Are key aspects of the user interface defined?
- Are memory use estimates and a strategy for memory management described and justified?
- Does the architecture set space and speed budgets for each module?
- Is a strategy for handling strings described, and are character-string-storage estimates included?
- Is a strategy for handling I/O described and justified?
- Is a coherent error-handling strategy included?
- Are error messages managed as a set to present a clean user interface?
- Is a level of robustness specified?
- Are necessary buy vs. build decisions included?
- Is the architecture designed to accommodate likely changes?
- Is any part over- or under-architected?
- Are the major system goals clearly stated?

Anhang D Weitergehende Dokumente

- Does the complete architecture hang together conceptually?
- Is the top-level design independent of the machine and language that will be used to implement it?
- Are motivations given for all major decisions?
  Are you, as a programmer who will implement the system, comfortable with the architecture?

D.7.2.2 High-Level Design

- Have you used round-trip design, selecting the best of several attempts rather than the first attempt?
- Is the design of the current subprogram consistent with the design of related subprograms?
- Does the design adequately address issues that were identified and deferred at the architectural level?
- Are you satisfied with the way the program has been decomposed into modules or objects?
- Are you satisifed with the way that modules have been decomposed into routines?
- Are subprogram boundaries well-defined?
- Are subprograms designed for minimal interaction with each other?
- Does the design make sense both from the top down and the bottom up?
- Does the design differentiate between the problem-domain component, the user-interface component, the task-management component and the data-management component?
- Is the design intellectually manageable?
- Does the design have low complexity?
- Will the program be easy to maintain?
- Does the design hold connections among subprograms to a minimum?
- Does the design account for future extensions to the program?
- Are subprograms designed so that you can use them in other systems?
- Do low-level routines have high fan-in?
- Do most routines have low-to-medium fan-out?
- Will the design be easy to port to another environment?
- Is the design lean? Are all of its parts strictly necessary?
- Is the design stratified into layers?
- Does the design use standard techniques and avoid exotic, hard-to-understand elements?

D.7.3 Construction

D.7.3.1 Constructing a Routine

- Have you checked that the prerequisites have been satisified?
- Have you defined the problem that the routine will solve?
- Is the architecture clear enough that you can give your routine a good name?
- Have you thought about how to test the routine?

- Have you thought about efficiency mainly in terms of good modularization or meeting a space and speed budget?
- Have you checked reference books for helpful algorithms?
- If it's a standard algorithm, have you compensated for language differences between your language and the language the algorithm was written in?
- Did you document the source of the algorithm?
- Have you designed the routine using detailed PDL?
- Have you thought about the data, before the logic, if necessary?
- Have you checked the PDL? Is it easy to understand?
- Have you paid attention to warning signs that would send you back to architecture (use of global data, operations that seem better suited to another routine, and so on)?
- Did you use the PDL-to-code process, using PDL as a basis for coding and converting the original PDL to comments?
- Did you translate the PDL to code accurately?
- Did you document assumptions as you made them?
- Have you chosen the best of several design attempts, rather than merely stopping after your first attempt?
- Do you thoroughly understand your code? Is it easy to understand?

D.7.3.2 High-Quality Routines

D.7.3.2.1 Big Picture Issues

- Is the reason for creating the routine sufficient?
- Have all parts of the routine that would benefit from being put into routines of their own been put into routines of their own?
- Is the name a strong, clear verb-object name for a procedure or an object name for a function?
- Does the name describe everything the routine does?
- Does it have strong cohesion—doing one and only one thing extremely well?
- Does it have loose coupling—is the connection to other routines small, intimate, visible, and flexible?
- Is the length of the routine determined naturally by its function and logic, rather than artificially by a coding standard?

D.7.3.2.2 Defensive Programming

- Are assertions used to document assumptions?
- Does the routine protect itself from bad input data?
- Does the routine handle bad data gracefully?
- Is the routine designed to handle changes gracefully?
- Have debugging aids been installed in a way that they can be activated or deactivated without a great deal of fuss?
- Have errors been firewalled so they don't affect code outside the routine?

- Does the routine check function return values?
- Is the defensive code that's left in production code designed to help the user rather than the programmer?

D.7.3.2.3 Parameter Passing

- Do the formal and actual parameters match?
- Are the routine's parameters in a sensible order, including matching the order of similar routines?
- Are interface assumptions documented?
- Does the routine have seven or fewer parameters?
- Are only the parts of structured variables that are needed passed to the routine, rather than the whole variable?
- Is each input parameter used?
- Is each output parameter used?
- If the routine is a function, does it return a value under all possible circumstances?

D.7.3.3 High-Quality Modules

- Does the module have a central purpose?
- Is the module organized around a common set of data?
- Does the module offer a cohesive set of services?
- Are the module's services complete enough so that other modules don't have to meddle with its internal data?
- Is the module independent of other modules? Is it loosely coupled?
- Does the module hide implementation details from other modules?
- Are the module's interfaces abstract enough so that you don't have to think about how its services are implemented? Can you treat it as a black box?
- Have you thought about subdividing the module into component modules and subdivided it as much as you can?
- If you're working in a language that doesn't fully support modules, have you implemented programming conventions that support them?

D.7.3.4 Data Creation

D.7.3.4.1 Creating Types

- Does the program use a different type for each kind of data that might change?
- Are type names oriented toward the real-world entities they represent rather than programming-language types?
- Are the type names descriptive enough to help document data declarations? Are they used specifically for that purpose?
- Have you avoided redefining pre-defined types?

D.7.3.4.2 Declaring Data
- Have you used a template to streamline data declarations and promote stylistic consistency?
- If your language uses implicit declarations, have you compensated for the problems they cause?

D.7.3.4.3 Initialization
- Does each routine check input parameters for validity?
- Does the code initialize variables close to where they're used?
- Are counters and accumulators initialized properly?
- Are variables reinitialized properly in code that's called multiple times?
- Does the code compile with no warnings from the compiler?
- Naming Data

D.7.3.5 General Naming Considerations
- Does the name fully and accurately describe what the variable represents?
- Does the name refer to the real-world problem rather than the programming-language solution?
- Is the name long enough so that you don't have to figure it out?
- Are qualifiers, if any, at the end of the name?
- Does the name use Count or Index instead of Num?

D.7.3.5.1 Naming Specific Kinds of Data
- Are loop index names meaningful (something other than i, j, or k if the loop is more than one or two lines long or the loop is nested)?
- Have all "temporary" variables been renamed to something more meaningful?
- Are boolean variables named so that their meaning when they're True is clear?
- Do enumerated-type names include a base that indicates the kind of the type, e.g. Color for ColorRed, ColorGreen, etc.?
- Are named constants named for the abstract entity they represent rather than the number they refer to?

D.7.3.5.2 Naming Conventions
- Does the convention distinguish between local, module, and global data?
- Does the convention distinguish between type names, enumerated types, named constants, and variables?
- Does the convention identify input-only parameters to routines in languages that don't enforce them?
- Is the convention compatible with standard conventions for the language as much as possible?
- Are names formatted for readability?

D.7.3.5.3 Short Names

- Does the code use long names unless it's necessary to use short ones?
- Does the code avoid abbreviations that save only one character?
- Are all words abbreviated consistently?
- Are abbreviations limited to standard abbreviations?
- Are names pronounceable?
- Are names that could be mispronounced avoided?
- Are short names documented with translation tables?

D.7.3.5.4 Common Naming Problems: Have You Avoided ...

- ... Names that are misleading?
- ... Names with similar meanings?
- ... Names that are different in only one or two characters?
- ... Names that sound similar?
- ... Names that use numerals?
- ... Intentionally misspelling a name to make it shorter?
- ... Names that are commonly misspelled in English?
- ... Names the conflict with standard library routines or pre-defined variables?
- ... Totally unrelated names?
- ... Hard-to-read characters?

D.7.3.6 General Considerations in Using Data

D.7.3.6.1 General Data

- Do all variables have the smallest scope possible?
- Are references to variables close together?
- Do control structures match the corresponding data structures?
- Does each variable have one and only one purpose?
- Is each variable's meaning explicit, avoiding hidden meanings?
- Are all the variables that have been declared, used?

D.7.3.6.2 Global Data

- Are all variables local unless they absolutely need to be global?
- Do variable names differentiate between local, module, and global data?
- Are all global variables documented?
- Is the code free from pseudo-global data, big data structures containing a mishmash of data that's passed to every routine?
- Are access routines used instead of global data?
- Are access routines and data organized into modules, rather than lumping all global data and access routines together?
- Do access routines provide a level of abstraction beyond their underlying data?
- Are all related access routines at the same level of abstraction?

D.7.3.7 Fundamental Data

D.7.3.7.1 Numbers in General

- Does the code avoid magic numbers?
- Does it anticipate divide-by-zero errors?
- Are type conversions obvious?
- If variables with two different types are used in the same expression, will the expression be evaluated as it's intended to be?
- Does the code avoid mixed-type comparisons?
- Does the program compile with no warnings?

D.7.3.7.2 Integers

- Do expressions that use integer division work the way they're intended to?
- Do integer expressions avoid integer overflow problems?

D.7.3.7.3 Floating Point

- Does the code avoid additions and subtractions on pairs of numbers with big differences?
- Does the code systematically prevent rounding errors?
- Does it avoid comparing floating-point numbers for equality?

D.7.3.7.4 Characters and Strings

- Does the code avoid magic characters and strings?
- Are references to strings free from off-by-one errors?
- Does C code treat string pointers and character arrays differently?
- Does C code follow the convention of declaring strings to be length constant+1?
- Does C code use arrays of characters rather than pointers, when appropriate?
- Does C code initialize strings to NULLs to prevent endless strings?
- Does C code use strncpy() rather than strcpy()? Also strncat() and strncmp()?

D.7.3.7.5 Boolean Variables

- Does the program use additional boolean variables to document conditional tests?
- Does the program use additional boolean variables to simplify conditional tests?

D.7.3.7.6 Enumerated Types

- Does the program use enumerated types instead of named constants for their improved readability, reliability, and modifiability?
- Does the program use enumerated types instead of boolean variables for improved readability and flexibility?
- Do tests using enumerated types test for invalid values?
- Is the first entry in an enumerated type reserved for "invalid"?
- Named Constants
- Does the program use named constants in data declarations?

Anhang D Weitergehende Dokumente

- Have named constants been used consistently rather than using named constants in some places, literals in others?

D.7.3.7.7 Arrays

- Are all array indexes within the bounds of the array?
- Are array references free of off-by-one errors?
- Are all subscripts on multi-dimensional arrays in the correct order?
- In nested loops, is the right variable used as the array subscript, avoiding loop-index crosstalk?

D.7.3.7.8 Pointers

- Are pointer operations isolated in functions?
- Are pointer references valid or could the pointer be dangling?
- Does the code check pointers for validity before using them?
- Is the variable the pointer references checked for validity before it's used?
- Are pointers set to NULL or NIL after freeing them?
- Does the code use all the pointer variables required for the sake of readability?
- Are pointers in linked lists freed in the right order?
- Does the program allocate a reserve parachute of memory so that it can shut down gracefully if it runs out of memory?
- Are pointers used only as a last resort, when no other method is available?

D.7.3.8 Organizing Straight-Line Code

- Does the code make dependencies among statements obvious?
- Do the names of routines make dependencies obvious?
- Do parameters to routines make dependencies obvious?
- Do comments describe any dependencies that would otherwise be unclear?
- Does the code read from top to bottom?
- Are references to variables as close together as possible, both in total live time and from each reference to a variable to the next?
- Are related statements grouped together?
- Have relatively independent groups of statements been moved into their own routines?

D.7.3.9 Conditionals

D.7.3.9.1 if-then statements

- Is the nominal path through the code clear?
- Do if-then tests branch correctly on equality?
- Is the else clause present or documented?
- Is the else clause correct?
- Are the if and else clauses used correctly, not reversed?
- Does the normal case follow the if rather than the else?

D.7.3.9.2 if-then-else-if chains

- Are complicated tests encapsulated in boolean function calls?
- Are the most common cases tested first?
- Are all cases covered?
- Is the if-then-else-if chain the best implementation—better than a case statement?

D.7.3.9.3 case statements

- Are cases ordered meaningfully?
- Are the actions for each case simple—calling other routines if necessary?
- Does the case test a real variable, not a phoney one that's made up solely to use and abuse the case statement?
- Is the use of the default clause legitimate?
- Is the default clause used to detect and report unexpected cases?
- In C, does the end of each case have a break?

D.7.3.10   Loops

- Is the loop entered from the top?
- Is initialization code directly before the loop?
- If the loop is an event loop, is it constructed cleanly rather than using a kludge such as for i:= 1 to 9999?
- If the loop is a C for loop, is the loop header reserved for loop-control code?
- Does the loop use begin and end or their equivalents to prevent problems arising from improper modifications?
- Does the loop have something in it? Is it not empty?
- Are housekeeping chores grouped, either at the beginning or the end of the loop?
- Does the loop perform one and only one function, like a well-defined routine?
- Does the loop end under all possible conditions?
- Is the loop's termination condition obvious?
- If the loop is a for loop, does the code inside it avoid monkeying with the loop index?
- Is a variable used to save important loop-index values rather than using the loop index outside the loop?
- Does the loop use safety counters, if you have a safety-counter standard?
- If the loop is nested, does it use loop names for clarity?
- Is the loop index an ordinal type or enumerated type?
- Does the loop index have a meaningful name?
- Does the loop avoid index cross talk?
- Is the loop short enough to view all at once?
- Is the loop nested to three levels or less?
- If the loop is long, is it especially clear?

D.7.3.11 Unusual Control Structures

D.7.3.11.1 goto

- Are gotos used only as a last resort, and then only to make code more readable and maintainable?
- If a goto is used for the sake of efficiency, has the gain in efficiency been measured and documented?
- Are gotos limited to one label per routine?
- Do all gotos go forward, not backward?
- Are all goto labels used?

D.7.3.11.2 return

- Does each routine use the minimum number of returns possible?
- Do returns enhance readability?

D.7.3.11.3 Recursion

- Does the recursive routine include code to stop the recursion?
- Does the routine use a safety counter to guarantee the routine stops?
- Is recursion limited to one routine?
- Is the routine's depth of recursion within the limits imposed by the size of the program's?
- Is recursion the best way to implement the routine? Is it better than simple iteration?

D.7.3.12 Control-Structure Issues

- Do expressions use True and False rather than 1 and 0?
- Are boolean values compared to False implicitly?
- Have boolean expressions been simplified by using additional boolean variables, boolean functions, and decision tables?
- Are expressions stated positively?
- In C, are numbers, characters, and pointers compared to 0 explicitly?
- Do begin/end pairs balance?
- Are begin/end pairs used everywhere they're needed for clarity?
- Are null statements obvious?
- Have nested statements been simplified by retesting part of the conditional, converting to if-then-elses, or moving nested code into its own routine?
- If the routine has a decision count of more than 10, is there a good reason for not redesigning it?

D.7.3.13 Layout

D.7.3.13.1 General

- Is formatting done primarily to illuminate the logical structure of the code?
- Can the formatting scheme be used consistently?
- Does the formatting scheme result in code that's easy to maintain?

- Does the formatting scheme improve code readability?

D.7.3.13.2 Control Structures

- Does the code avoid doubly indenting begin/end pairs?
- Are sequential blocks separated with blank lines?
- Are complicated boolean expressions formatted for readability?
- Are single-statement blocks formatted consistently?
- Are case statements formatted in a way that's consistent with the formatting of other control structures?
- Have gotos been formatted in a way that makes their use obvious?

D.7.3.13.3 Individual Statements

- Do incomplete statements end the line in a way that's obviously incorrect?
- Are continuation lines indented sensibly?
- Are groups of related statements aligned?
- Are groups of unrelated statements unaligned?
- Does each line contain—at most—one statement?
- Is each statement written without side effects?
- Are data declarations aligned?
- Is there--at most--one data declaration per line?

D.7.3.13.4 Comments

- Are the comments indented the same as the code?
- Is the commenting style easy to maintain?

D.7.3.13.5 Routines

- Are the arguments to each routine formatted so that each argument is easy to read, modify, and comment?
- In C, are new-style routine declarations used?
- In Fortran, are parameters declared separately from local variables?

D.7.3.13.6 Files, Modules, and Programs

- Does each file hold code for one and only one module?
- Are routines within a file clearly separated with blank lines?
- If a file does contain multiple modules, are all the routines in each module grouped together and is the module clearly identified?
- Alternatively, are all routines in alphabetical sequence?

D.7.3.14 Self-Documenting Code

D.7.3.14.1 Routines

- Does each routine's name describe exactly what it does?
- Does each routine perform one well-defined task?

- Have all parts of each routine that would benefit from being put into their own routines been put into their own routines?
- Is each routine's interface obvious and clear?

D.7.3.14.2 Data Names

- Are names of data types descriptive enough to help document data declarations? Are they used specifically for that purpose?
- Are variables named well?
- Are variables used only for the purpose for which they're named?
- Are loop counters given more informative names than i, j, and k?
- Are well-named enumerated types used instead of makeshift flags or boolean variables?
- Are named constants used instead of magic numbers or magic strings?
- Do naming conventions distinguish between type names, enumerated types, named constants, local variables, module variables, and global variables?

D.7.3.14.3 Data Organization

- Are extra variables used for clarity when needed?
- Are references to variables close together?
- Are data structures simple so that they minimize complexity?
- Is complicated data accessed through abstract access routines (abstract data types)?

D.7.3.14.4 Control

- Is the nominal path through the code clear?
- Are related statements grouped together?
- Have relatively independent groups of statements been packaged into their own routines?
- Does the normal case follow the if rather than the else?
- Are control structures simple so that they minimize complexity?
- Does each loop perform one and only one function, like a well-defined routine?
- Is nesting minimized?
- Have boolean expressions been simplified by using additional boolean variables, boolean functions, and decision tables?

D.7.3.14.5 Layout

- Does the program's layout show its logical structure?

D.7.3.14.6 Design

- Is the code straightforward and does it avoid "cleverness"?
- Are implementation details hidden as much as possible?
- Is the program written in terms of the problem domain as much as possible rather than in terms of computer-science or programming-language structures?

D.7.3.15 Good Commenting Technique

D.7.3.15.1 General

- Does the source listing contain most of the information about the program?
- Can someone pick up the code and immediately start understanding it?
- Do comments explain the code's intent or summarize it, rather than just repeating it?
- Is the PDL-to-code process used to reduce commenting time?
- Has tricky code been rewritten rather than commented?
- Are comments up to date?
- Are comments clear and correct?
- Does the comment style allow comments to be easily modified?

D.7.3.15.2 Statements and Paragraphs

- Does the code avoid endline comments?
- Do comments focus on why rather than how?
- Do comments prepare the reader's mind for what is to follow?
- Does every comment count? Have redundant, extraneous, or self-indulgent comments been removed or improved?
- Are surprises documented?
- Have abbreviations been replaced?
- Is the distinction between major and minor comments clear?
- Is code that works around an error or undocumented feature commented?

D.7.3.15.3 Data Declarations

- Are units on data declarations commented?
- Is the range of values on numeric data commented?
- Are coded meanings commented?
- Are limitations on input data commented?
- Are flags documented to the bit level?
- Has each global variable been commented where it is declared?
- Has each global variable been documented each time it's used, either with a naming convention or a comment?
- Is each control statement commented?
- Are the ends of long or complex control structures commented?
- Are magic numbers documented or, preferably, replaced with named constants or variables?

D.7.3.15.4 Routines

- Is the purpose of each routine commented?
- Are other facts of each routine given in comments, when relevant, including input and output data, interface assumptions, limitations, error corrections, global effects, and sources of algorithms?

Anhang D Weitergehende Dokumente

D.7.3.15.5 Files, Modules, and Programs

- Does the program have a 4 to 5 page document such as that described in The Book Paradigm that gives an overall view of how the program is organized?
- Is the purpose of each file described?
- Is the author's name and phone number in the listing?

D.7.3.16 Debugging

D.7.3.16.1 Techniques for Finding Errors. Have you tried to ...

- ... Use all the data available to form a hypothesis?
- ... Refine the test cases the produce the error?
- ... Reproduce the error several different ways?
- ... Generate more data to generate more hypotheses?
- ... Use results of negative tests?
- ... Brainstorm for possible hypotheses?
- ... Narrow the suspicious region of the code?
- ... Check code that's changed recently?
- ... Expand the suspicious region of the code?
- ... Integrate incrementally?
- ... Be suspicious of routines that have had errors before?
- ... Use brute force?
- ... Set a maximum time for quick and dirty debugging?
- ... Check for common errors?
- ... Use confessional debugging?
- ... Take a break from the problem?

D.7.3.16.2 Techniques for Fixing Errors. Have you tried to ...

- ... Understand the problem?
- ... Check your work? Verify that the fix is correct?
- ... Relax?
- ... Confirm the error diagnosis?
- ... Save the original source code?
- ... Fix the problem, not the symptom?
- ... Change the code only for good reason?
- ... Understand the program as well as the problem?
- ... Make one change at a time?
- ... Look for similar errors?

D.7.3.16.3 General approach to debugging

- Do you use debugging as an opportunity to learn more about your program, mistakes, code quality, and problem-solving approach?
- Do you avoid the trial-and-error, supersitious approach to debugging?

- Do you assume that errors are your fault?
- Do you use the scientific method to stablize intermittent errors?
- Do you use the scientific method to find errors?
- Rather than using the same approach every time, do you use several different techniques to find errors?
- Do you verify that the fix is correct?
- Do you use the debugging tools of warning messages, execution profiling, scaffolding, and interactive debugging?

D.7.4 Quality-Assurance Checklist
- Have you identified specific quality characteristics that are important to your project?
- Have you made others aware of the project's priorities?
- Have you differentiated between internal and external quality characteristics?
- Have you thought about the ways in which some characteristics may compete with or complement others?
- Does your program use several different error-detection techniques suited to finding several different kinds of errors?
- Does your program take steps to assure software quality during each stage of software development?
- Is the quality measured in some way so that you can tell whether it's is improving or degrading?
- Does management understand that quality assurance incurs additional costs up front in order to save costs later?

D.7.5 Effective Inspections
- Do you have checklists that focus reviewers attention on areas that have been problems in the past?
- Is the emphasis on defect detection rather than correction?
- Are inspectors given enough time to prepare before the inspection meeting and is each one prepared?
- Does each participant have a distinct role to play?
- Does the meeting move at a productive rate?
- Is the meeting limited to 2 hours?
- Has the moderator received specific training in conducting inspections?
- Is data about error types collected at each inspection so that you can tailor future checklists to your specific organization?
- Is data about preparation and inspection rates collected so that you can optimize future preparation and inspections?
- Are the action items assigned at each inspection followed up, either personally by the moderator or with a reinspection?
- Does management understand why it should not attend inspection meetings?

Anhang D Weitergehende Dokumente

D.7.6 Test Cases

- Does each requirement that applies to the routine have its own test case?
- Does each design element that applies to the routine have its own test case?
- Has each line of code been tested with at least one test case? Has this been verified by computing the minimum number of tests necessary to exercise each line of code?
- Have all Defined-Used data-flow paths been tested with at least one test case?
- Has the code been checked for data-flow patterns that are unlikely to be correct, such as Defined-Defined, Defined-Exited, and Defined-Killed?
- Has a list of common errors been used to write test cases to detect errors that have been common in the past?
- Have all simple boundaries been tested--maximum, minimum, and off-by-one boundaries?
- Have compound boundaries been tested, that is, combinations of input data that might result in a computed variable that's too small or too large?
- Do test cases check for the wrong kind of data, for example, a negative number of employees in a payroll program?
- Are representative, middle-of-the-road values tested?
- Is the minimum normal configuration tested?
- Is the maximum normal configuration tested?
- Is compatibility with old data tested? And are old hardware, versions of the operating system, interfaces with other software tested?
- Do the test cases make hand-checks easy?

Anhang E Literaturverzeichnis

[Balzert98] Balzert, H.: *Lehrbuch der Software-Technik: Software-Management, Software-Qualitätssicherung, Unternehmensmodellierung* / Helmut Balzert. - Heidelberg ; Berlin : Spektrum, Akad. Verl., 1998 (Lehrbücher der Informatik) ISBN 3-8274-0065-1

[Belli98] Belli, F.: *Methoden und Hilfsmittel für die systematische Prüfung komplexer Software.* Informatik-Spektrum 21 (1998). Seite 337-346.

[Bender00] Bender, K.; Koç, A.: *Embedded Quality*. F&M, 108 (2000) Nr. 4, S. 60-62

[Bergmann98] Bergmann, J.: *Funktionsprüfung der Steuerungssoftware intelligenter, technischer Produkte.* Dissertation. München: Herbert Utz Verlag Wissenschaft, 1998.

[Bernard00] Bernard, C.: *Ten questions to ask when selecting emulation.* In: Embedded Systems Programming Eu-rope, Miller Freeman, Vol. 4 (2000) No. 25, pp. 15-17.

[Cantata95] N.N.: *Cantata for DOS & Windows. Technical Documentation*, Version 3.1, Information Processing Ltd. (IPL), May 1995.

[Daich94] Daich, G.: *Software Test Technologies Report.* Software Technology Support Center, Utah, 1994

[ESSI97] N.N.: *Tool Selection Report, Version 1.1.* ESSI Process Improvement Experiment (PIE), Improvement of Process Architecture Through Configuration & Change Management and Enhanced Test Strategies for a Knowledge-Based Test Path Generator, Project 24,078 - IMPACTS2, 10-May-1997.

[ETSI00a] N.N.: ETSI TC MTS. TTCN-3 – Core Language. European Norm (EN) 00063-1 (provisional), 2000.

[ETSI00b] N.N.: ETSI TC MTS. TTCN-3 – Tabular Presentation Format. European Norm (EN) 00063-2 (provisional), 2000.

[ETSI00c] N.N.: ETSI TC MTS. TTCN-3 – MSC Presentation Format. European Norm (EN) 00063-3 (provisional), 2000.

[Ganssle99] Ganssle, J.: *ICE Technology Unplugged.* In: Embedded Systems Programming, Miller Freeman, Vol. 12 (1999) No. 10.

[Grimm95] Grimm, K.: *Systematisches Testen von Software: Eine neue Methode und eine effektive Teststrategie.* Diss. Technische Universität Berlin, 1995, GMD-Bericht, Nr. 251, Oldenbourg Verlag, 1995.

[Halang94] Halang, W.A.: *Software-Sicherheit in der Prozeßautomation.* Automatisierungstechnische Praxis (atp), Bd. 36, H. 10, R. Oldenbourg Verlag, 1994, S. 9– 10.

Anhang E Literaturverzeichnis

[Hedley90]   Hedley, D.: *The Testing of Real-Time Embedded Software by Dynamic Analysis Techniques.* Proceedings of the Symposium on Safety of Computer Control Systems 1990 (SAFECOMP '90), October 30–November 2, 1990, Gatwick, UK, 1990, pp. 55–58.

[Hetzel88]   Hetzel, W.: *The complete guide to software testing.* Second Edition, John Wiley & Sons, USA, 1988.

[Jansen95]   Jansen, H.: *Anforderungen an Rechnersysteme für sicherheitsrelevante Anwendungen.* Automatisierungstechnische Praxis (atp), Bd. 37, H. 2, R. Oldenbourg Verlag, 1994, S. 7–8.

[Krämer94]   Krämer, U.: *Anforderungen beim Einsatz programmierbarer Systeme für Schutzeinrichtungen.* Automatisierungstechnische Praxis, Bd. 36, H. 10, R. Oldenbourg Verlag, 1994, S. 22–28.

[Marciniak94]   Marciniak, J. (Ed.): *Encyclopedia of Software Engineering.* Vol. 2. New York: John Wiley & Sons, 1994.

[McCabe95]   N. N.: *A McCabe Guide for Testing Embedded Systems.* Application Notes, McCabe & Associates Inc., 1995.

[Moitra99]   Moitra, D.: *Software Engineering in the Small: Practical Software Engineering and Management.* In: IEEE Computer, Vol. 32 (1999), No. 10, pp. 39–40

[Myers99]   Myers, G.: *Methodisches Testen von Programmen.* 6.Aufl., R. Oldenbourg, München, 1999

[Perry95]   Perry, W.: *Effective Methods for Software Testing*, John Wiley & Sons, New York, 1995.

[Pol00]   Pol, M.; Koomen, T.; Spillner, A.: *Management und Optimierung des Testprozsses: Ein praktischer Leitfaden für erfolgreiches Testen von Software mit TPI und TMap.* dpunkt, Heidelberg, 2000.

[Schätz00]   Schätz, B.; Fahrmaier, M.; von der Beeck, M.; Jack, P.; Kespohl, H.; Koç, A.; Liccardi, B.; Scheermesser, S.; Zündorf, A.: *Abschlußbericht der Vordringlichen Aktion des Bundesministeriums für Bildung und Forschung: Entwicklung, Produktion und Service von Software für eingebettete Systeme in der Produktion.* Frankfurt am Main: VDMA Verlag, 2000

[Simmes97]   Simmes, D.: *Entwicklungsbegleitender Systemtest für elektronische Fahrzeugsteuergeräte.* Dissertation. München: Herbert Utz Verlag Wissenschaft, 1997.

[SPMN98a]   N. N.: *Little Book of Testing: Volume I, Overview and Best Practices.* Software Program Managers Network, June 1998.

Anhang E Literaturverzeichnis

[Storr94] Storr, A.; Brandel, T.; Lutz, R.; Reichenbacher, J.; Schneider, J.: *Simultan zur SPS-Software. Neue Ansätze zur effizienten SPS-Programmierung*, Elektronik (1994) 23, S. 124-136

[V-Modell97] Der Bundesminister des Inneren: *Entwicklungsstandard für IT-System des Bundes: Vorgehensmodell*. Neudruck, Juni 1997.

[Waligora+96] Waligora, S.; Coon, R.: *Improving the Software Testing Process in NASA's Software Engineering Laboratory*. 1995 SEL Testing Study, 1996.

[Wallace96] Wallace, D.; Ippolito, L.; Cuthill, B.: *Reference Information for the Software Verification and Validation Process*. NIST Special Publication 500-234, National Institute of Standards and Technology, Gaithersburg, 1996.

[Young97] Young, D.: *Software Tools Report*. Version 1.0, Treasury Board Secretariat of Canada, December, 1997.

[Z120] *Recommendation Z.120, Message Sequence Chart (MSC)*, International Telecommunication Union (ITU), 1996.

Anhang F Glossar

Abnahme [V-MODELL97]

Mit der erfolgreichen Abnahme wird der Auftragnehmer entlastet, und das abgenommene Produkt geht in das Eigentum des Auftraggebers über. Die Abnahme ist ein juristisch definierter Vorgang.

Anforderungen [GI FG 2.1.1]

Aussagen über zu erbringende Leistungen eines Gegenstands sowie seine qualitativen oder quantitativen Eigenschaften. Dazu zählen die Anforderungen an Funktionalität, Qualität, Benutzbarkeit, Realisierung und Erstellung/Einführung/Betreuung des Systems.

Anforderungsanalyse [GES]

Phase im Systementwicklungsprozess, in der das Wesentliche (die Essenz) eines Systems ermittelt wird und in Form eines Pflichtenheftes festgeschrieben wird.

Best-Practice

Best-Practices sind genau definierte Techniken oder Methoden, die erfahrungsgemäß zuverlässig zu den besten Ergebnissen führen.

Black-Box

Eine Black-Box ist die Abstraktion eines Geräts oder Systems, bei der nur die nach außen hin sichtbaren Eigenschaften und nicht die Implementierung oder „innere Vorgänge" betrachtet werden.

Eingebettete Software

Software in einem eingebetteten System.

Eingebettete Systeme

Bei eingebetteten Systemen handelt es sich um durch Software kontrollierte Computer oder Mikroprozessoren, die ein Teil eines größeren Systems sind, dessen primäre Funktion nicht rechnerorientiert ist.

Emulator

Bei einem Emulator handelt es sich um Hardware oder Software, die ein anderes System oder einen Teil eines Systems ersetzt, wodurch Abläufe simuliert und damit Analysen erstellt und Vorhersagen getroffen werden können. Insbesondere bei Tests werden Emulatoren als Werkzeuge verwendet.

Entwicklungsprozess [GI FG 5.1.1]

Lebenslauf eines Software-Systems vom Projektbeginn über Nutzung/Betreuung bis zur Außerbetriebnahme.

Anhang F Glossar

Entwicklungsschema [GI FG 5.1.1]

Fokussierung des repräsentierten Wissens einer soziotechnischen Umgebung (Entwicklungsphilosophie, Software-Werkzeuge, Projektorganisation) bzgl. der Art und Weise, wie Software-Systeme gestaltet und betreut werden.

Entwurf [GES]

Systematischer Plan für die Herstellung eines technischen Gegenstands.

Ergebnis [GI FG 5.1.1]

Ein Ergebnis ist ein konkretes Resultat, das während eines Software-Entwicklungsprozesses entsteht.

Evaluation [V-MODELL97]

Prüfung und Bewertung eines Systems anhand der IT-Sicherheitskriterien. Die Evaluationsstellen können neben der Evaluation eines fertigen Produkts auch begleitende Evaluationen durchführen, d. h. die einzelnen Prüfschritte werden während des Entwicklungsprozesses durchgeführt, sobald die entsprechenden Zwischenergebnisse den Zustand "akzeptiert" haben.

Fehler [GI FG 5.1.1]

Nichterfüllung festgelegter Forderungen.

Funktion [GI FG 2.1.1]

Abbildungsvorschrift, die einer Menge von (Eingabe-) Daten eine Menge von (Ausgabe-) Daten zuordnet.

Inkrementelles Vorgehen [GI FG 5.1.1]

Software-Entwicklung als stückweise Realisierung der Funktionalität.

Integrationstest [Spillner]

Test, der sich auf das Zusammenwirken von Systemteilen konzentriert.

Iteratives Vorgehen [GI FG 2.1.1]

Software-Entwicklung als Folge von Entwicklungszyklen.

IT-System [nach ISO 12207, 1995]

Einheitliches Ganzes, das aus einem oder mehreren Prozessen, Hardware, Software, Einrichtungen und Personen besteht, das die Fähigkeit besitzt, vorgegebene Forderungen oder Ziele (vorwiegend durch den Einsatz von IT) zu befriedigen.

Anhang F Glossar

Kritikalität [V-MODELL97]

Die Kritikalität einer Einheit drückt aus, welche Bedeutung ihrem Fehlverhalten beigemessen wird. Die Kritikalität wird in Stufen angegeben, wobei die Einstufung um so höher ist, je gravierendere Auswirkungen bei Fehlverhalten zu erwarten sind.

Methode [GI FG 5.1.1]

Methoden sind planmäßig angewandte, begründete Vorgehensweisen zur Erreichung von festgelegten Zielen (i.a. im Rahmen festgelegter Prinzipien). Methoden können fachspezifisch sein. Zu Methoden gehören eine Notation, systematische Handlungsanweisungen und Regeln zur Überprüfung der Ergebnisse.

Modell [GI FG 2.1.1]

Idealisierte, vereinfachte, in gewisser Hinsicht ähnliche Darstellung eines Gegenstands, Systems oder sonstigen Weltausschnitts mit dem Ziel, daran bestimmte Eigenschaften des Vorbilds besser studieren zu können.

Modultest [GES]

Test einzelner Module. Mit der White-Box-Methode wird die interne Logik überprüft, mit der Black-Box-Methode dagegen die Modulspezifikation.

Phase [GI FG 5.1.1]

Eine Phase bildet durch Gruppierung von Aktivitäten eine Planungs- und Kontrolleinheit innerhalb eines SW-Projekts, die zeitlich, begrifflich, technisch und/oder organisatorisch begründet wird.

Produkt [V-MODELL97]

Bearbeitungsgegenstand bzw. Ergebnis einer Aktivität des V-Modells (Dokument oder Software oder Hardware).

Produktprüfung [V-MODELL97]

Prüfung, bei der für ein bestimmtes Produkt (z. B. Quellcode, HW) gezeigt werden soll, daß die vorher festgelegten Forderungen erfüllt werden.

Projekt [DIN 69900.1, 1987]

Vorhaben, das im wesentlichen durch Einmaligkeit der Bedingungen in ihrer Gesamtheit gekennzeichnet ist.

Prozeß [Spillner]

Ein Satz von in Wechselbeziehungen stehenden Mitteln und Tätigkeiten, die Eingaben in Ergebnisse umgestalten.

Anhang F Glossar

Prozessprüfung [DIN 55350]

Qualitätsprüfung an einem Prozess bzw. an einer Tätigkeit anhand der Merkmale des Prozesses bzw. der Tätigkeit selbst.

Prüfen [ISO 8402-1, 1991]

Eine Tätigkeit wie Messen, Untersuchen, Ausmessen von einem oder mehreren Merkmalen einer Einheit sowie Vergleichen mit festgelegten Forderungen um festzustellen, ob Konformität für jedes Merkmal erzielt ist.

Prüfkriterien [V-MODELL97]

Prüfkriterien sind Fragestellungen, die durch eine Prüfung geklärt werden sollen. Wichtig bei der Formulierung der Prüfkriterien ist, dass die Erfüllung des Kriteriums in der Prüfung entscheidbar ist.

Prüfprozedur [V-MODELL97]

Die Prüfprozedur ist eine Arbeitsanleitung für die einzelnen Prüfungen. Hier sind die einzelnen Schritte der Prüfung definiert. Ebenfalls festgelegt sind die erwarteten Prüfergebnisse sowie Vorschriften zur Prüfungsvor- und -nachbereitung.

Qualität [ISO 8402-1, 1991]

Die Gesamtheit von Merkmalen einer Einheit bezüglich ihrer Eignung, festgelegte und vorausgesetzte Erfordernisse zu erfüllen.

Qualitätsmanagement [GI FG 5.1.1]

Qualitätsmanagement umfasst alle Führungsaufgaben zur Festlegung der Qualitätspolitik, der Qualitätsziele und der Verantwortung für Qualität.

Qualitätssicherung [ISO 8402-1, 1991]

Alle geplanten und systematischen Tätigkeiten, die innerhalb des Qualitätsmanagementsystems verwirklicht sind, und die wie erforderlich dargelegt werden, um angemessenes Vertrauen zu schaffen, dass eine Einheit die Qualitätsforderung erfüllen wird.

Review

Kritische Begutachtung und Prüfung eines vorzulegenden Ergebnisses einer (Teil-)Aufgabe gegen die in der Qualitätsplanung festgelegten Funktionen und Qualitätsmerkmale (Soll-Ist-Vergleich der Produktqualität). Die Regeln für die Vorbereitung und Durchführung des betreffenden Reviews werden vorher festgelegt und sind allen Beteiligten bekannt.

Richtlinien [GI FG 5.1.1]

Richtlinien geben Handlungsmuster vor, die in bestimmten Situationen mit einer gewissen Entscheidungsfreiheit zu befolgen sind.

Anhang F Glossar

Risikoanalyse [V-MODELL97]

In der Risikoanalyse wird untersucht, wie wahrscheinlich es ist, dass eine der ermittelten Bedrohungen wirksam wird und wie hoch der Schaden ist, der dabei entsteht. Das Risiko wird aus der Eintrittswahrscheinlichkeit und der zu erwartenden Schadenshöhe ermittelt.

Spezifikation

WAS gemacht werden soll im Gegensatz zum WIE, der Lösung, d. h. eine eindeutige, vollständige, widerspruchsfreie Beschreibung der Aufgabenstellung eines zu erstellenden Programmproduktes.

Standard [GI FG 5.1.1]

Standards definieren Konventionen und Verfahren. Durch die formale Erhebung zum Standard durch anerkannte Gremien erhalten diese Konventionen und Verfahren Vorschriftcharakter.

SW-Komponente [V-MODELL97]

Softwarebaustein einer SW-Einheit. SW-Komponenten können ihrerseits andere SW-Komponenten, SW-Module und/oder Datenbanken enthalten.

SW-Modul [V-MODELL97]

SW-Module sind die kleinsten zu programmierenden Softwarebausteine einer SW-Einheit. Sie sollten folgende Kriterien erfüllen: Abgeschlossenheit, Geheimnisprinzip, Datenabstraktion, Kapselung, Schnittstellenspezifikation, Schnittstellenminimalität, Überschaubarkeit, Testbarkeit usw. Das V-Modell regelt die Behandlung der SW-Module.

SW-Qualität [GI FG 5.1.1]

Gesamtheit der Merkmale von Software, die erforderlich sind, dass sie die Funktionen, die sie für ihren sicheren und fehlerfreien Einsatz benötigt, erfüllt.

System

siehe IT-System

Systemtest

Der Systemtest ist ein Test gegen die Ziele, die durch die Anforderungsspezifikation vorgegeben werden.

Test

s. Prüfung

Testabdeckung [V-MODELL97]

Ausmaß der Testfälle, mit denen ein Programm oder Programmteil getestet wird. Gewöhnlich unterscheidet man zwischen Abdeckung aller Anweisungen, aller Programmzweige oder aller Bedingungen.

Anhang F Glossar

Testkriterien

s. Prüfkriterien

Testmanagement

Planung, Überwachung und Auswertung des Testens.

Testziel

Festgelegte Menge von SW-Eigenschaften, die als messbare Qualitätsziele in der Spezifikations- und Entwurfsphase festgelegt werden. Beim Testen müssen Testziele benannt werden. Sie müssen so beschrieben werden, dass ihr Erreichen realistisch gemessen werden kann.

Validierung [ISO 8402-1, 1991]

Bestätigen aufgrund einer Untersuchung und durch Führung eines Nachweises, dass die besonderen Forderungen für einen speziellen vorgesehenen Gebrauch (Erwartungshaltung des Anwenders) erfüllt worden sind.

Verifizierung [ISO 8402, 1991]

Bestätigen aufgrund einer Untersuchung und durch Führung eines Nachweises, dass die festgelegten Forderungen erfüllt worden sind.

Vorgehensmodell [GI FG 5.1.1]

Muster zur Beschreibung eines Entwicklungsprozesses auf der Basis eines Entwicklungsschemas.

White-Box-Testen [Myers99]

Teststrategie, um die innere Struktur eines Programms zu untersuchen. Die Testdaten werden unter Kenntnis der Programmlogik definiert. Betrachtet wird der Teil des Programms, der durch die Testfälle ausgeführt oder angesprochen wird.

Anhang G Abbildungen

Abbildung 1 : Intelligentes Produkt (Eingebettetes System) 1

Abbildung 2: Entwicklungsvorgehen technischer Systeme 2

Abbildung 3: Zielsetzung 3

Abbildung 4: Vollständiges System-Vorgehensmodell 6

Abbildung 5: Vorgehensmodell – Erweiterung der Testsicht 7

Abbildung 6: IT-Vorgehensmodell 8

Abbildung 7: SW-Vorgehensmodell 9

Abbildung 8: Iteratives, inkrementelles Entwickeln – Entwicklungs-Schleifen 10

Abbildung 9: iteratives, inkrementelles Entwickeln – Test-Schleifen 11

Abbildung 10: Phasenplan für den Testprozess 13

Abbildung 11: Checkliste für die Auswahl von Emulatoren 27

Abbildung 12: Konzept für den Testfallentwurf 31

Abbildung 13: Testdaten-Ermittlung mit der Klassifikationsbaum-Methode 32

Abbildung 14: Vorgenommene Erweiterungen der MSCs 33

Abbildung 15: Integration in das bestehende Umfeld 34

Abbildung 16: Übersicht der QS-Maßnahmen 35

Abbildung 17: Mitarbeiterzahl in der SW-Entwicklung 41

Abbildung 18: Art der Software 41

Abbildung 19: Das Spiralmodell 43

Abbildung 20: Dokumentation der Analyse- und Designergebnisse 43

Abbildung 21: Qualitätssicherungsmaßnahmen (ohne Test) 44

Abbildung 22: Testprozess-Merkmale I 45

Abbildung 23: Testprozess-Merkmale II 45

Anhang H Tabellen

Tabelle 1 : Definition der Phashasen   8

Tabelle 2: Testdokumente im V-Modell und IEEE-Standards   17

Tabelle 3 : Klassifikationsschema für Testwerkzeuge   20

Tabelle 4: Übersicht Testwerkzeuge   21

Tabelle 5: Testwerkzeuge für eingebettete Systeme   22

Tabelle 6: Vorgehensweise bei der Auswahl von Werkzeugen   22

Tabelle 7: Bewertungs-Kriterien für Test-Tools   23

Tabelle 8: Übersicht In-Circuit-Emulatoren   26

Tabelle 9: Analytische QS-Maßnahmen   36

Tabelle 10 : Haupt-QS-Maßnahmen in den Entwicklungsphasen   37

Tabelle 11 : QS-Maßnahmen in den Entwicklungsphasen   39

Tabelle 12: Projektarten   42